第12版

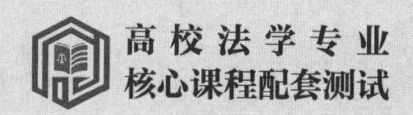

高校法学专业
核心课程配套测试

中国法制史
配套测试

试题

教学辅导中心／组编　编委会主任／赵晶

编审人员
赵　晶　王子潇　程　实　潘弋珂

中国法治出版社
CHINA LEGAL PUBLISHING HOUSE

出版说明

"高校法学专业核心课程配套测试"丛书由我社教学辅导中心精心组编，专为学生课堂同步学习、准备法学考试，教师丰富课件素材、提升备课效率而设计。自2005年首次出版以来，丛书始终秉持"以题促学、以考促研"的编写理念，凭借其考点全面、题量充足、解析详尽、应试性强等特点，成为法学教辅领域的口碑品牌，深受广大师生信赖。

本丛书具有以下特色：

1. **适配核心课程，精设十六分册**。丛书参照普通高等学校法学专业必修课主要课程，设置十六个分册，涵盖基础理论、实体法、程序法及国际法等核心领域，旨在帮助学生构建系统的法学知识框架，筑牢理论根基，掌握法律思维。

2. **专业团队编审，严控内容品质**。由北京大学、中国人民大学、中国政法大学、北京航空航天大学、中国社会科学院、西南政法大学、西北政法大学、南开大学、北京理工大学等法学知名院校教师领衔编委会，全程把控试题筛选、答案审定及知识体系优化，确保内容兼具理论深度及实践价值。

3. **科学编排体系，助力知识巩固**。每章开篇设置"基础知识图解"板块，以思维导图形式梳理核心概念与法律关系，帮助学生快速构建知识框架。习题聚焦法学考试高频考点，覆盖单项选择题、多项选择题、不定项选择题、名词解释、简答题、论述题、案例分析题等常见题型，满足课堂练习、期末备考、法考训练、考研复习等需求。答案标注法条依据，详解解题思路。设置综合测试题板块，方便学生自我检测、巩固知识。

4. **紧跟法治动态，及时更新内容**。丛书依据新近立法动态进行修订，注重融入学科前沿成果，同时，贴合国家统一法律职业资格考试重点，强化实务导向题型训练，切实提升学生应试能力。

5. **贴心双册设计，提升阅读体验**。试题与解析分册编排，方便学生专注刷题，随时查阅答案，大幅提升学习效率。

6. **拓展功能模块，丰富学习资源**。附录部分收录与对应课程紧密相关的核心法律文件目录，帮助学生建立法律规范知识体系；另附参考文献及推荐书目，既明确了答案参考，亦为学生提供拓展阅读指引。

7. 附赠思维导图，扫码即可获取。 购买本书，扫描封底二维码可下载课程配套思维导图，便于学生随时查阅、灵活使用，为学习提供更多便利与支持。

尽管本丛书已历经学生试用、教师审阅、编辑加工校对等多个环节，但难免存在疏漏和值得商榷之处。法学的魅力恰在于永恒的思辨。若您在研习过程中有任何问题或建议，欢迎发送邮件至 hepengjuan@zgfzs.com，与编委会共同交流探讨。我们将持续关注法学学习需求，以更开放的姿态完善知识体系，与广大师生共同推动本丛书内容的迭代优化。

"法律的生命不在逻辑，而在经验。"——愿我们在求索路上互为灯塔。

教学辅导中心
2025 年 8 月

《中国法制史配套测试》导言

作为教育部所定法学专业必修课之一，中国法律史以中国法律发生、发展、演变的历史过程为教学内容，是法学教育领域的基础性学科。自我国近代学制建立以来，这门课程曾以"中国古今历代法制考""现行法制与历代法制沿革""中国法制史""中国国家与法权历史""中国国家与法的历史"等为名，迄今已百有余年。本书可配套中国法律史课程使用。

在不同的学术传统与语境之下，"法制史"或被理解为"法律与制度的历史"，涵盖的范围大于"法律史"；或被理解为"法律制度史"，与"法律思想史"共同构成"法律史"。无论名称为何，其着眼点皆在过去而非当下，与部门法学的现实关注、实践导向等性质迥异。

文、史、哲等学科，在功利主义至上的时代，经常会被拷问其存在的现实意义，中国法律史也不例外。除大家耳熟能详的"以史为鉴""汲取优秀传统法文化"等理由外，历史学家对于养成"综合分析"能力抑或是"长程与全景的眼光"的倡导，也颇值修习中国法律史的同学们倾听。社会现象错综复杂，通过历史学习，可以养成综合考虑各种因素相互作用的分析能力，以及尽可能追溯源流的"长时段"思维。

在理想的状态下，法学院的训练至少需要兼顾三项：一是理解法律条文，侧重于知识诵记，让同学们能够在规则体系的框架下掌握法意；二是拆解法律关系，侧重于法条运用，让同学们能够条分缕析地拆解复杂的法律关系，考虑每项元素可能对应的法条；三是建构"法律真实"，侧重于证据链的拼合，让同学们能够独立搜集涉案的事实碎片，运用基本的形式逻辑与证据规则，拼接出"法律真实"（而不一定是"客观真实"）。

目前的法学教育基本侧重前两项，即使是案例教学、诊所课程，往往也是给定了一个完整的"真实"叙述，或仅提供来自其中一方的事实碎片。原因是大学训练无法让同学们全程追踪一个案件，自行调取各种证据，甚至言听两造、交叉辩论。对此，数千年的中国法律史恰好提供了一个实验场，可供同学们自由发掘，成为破案专家。

《中国法制史配套测试》主要满足同学们对知识诵记的需求，部分试题也兼顾法条运用。需要特别注意的是，若是对照阅读参考答案、推荐书目中的相关叙述，同学们或许会发现针对同一问题，各书说法或有不同，此时毋须感到困惑，因为这既是大学教育的特色（不一定存在唯一的标准答案），也可能蕴含学术创新的机会，需要同学们独立检验证据、自行建构"真实"、加以综合（共时性加历时性）分析。祝愿大家开卷有得！

目　录

第一章　中国法律文明的起源与夏商法律制度 ····································· 1
　　基础知识图解 ··· 3
　　配套测试 ··· 3
第二章　两周法律制度 ··· 7
　　基础知识图解 ··· 9
　　配套测试 ··· 10
第三章　秦朝法律制度 ··· 19
　　基础知识图解 ··· 21
　　配套测试 ··· 22
第四章　汉朝法律制度 ··· 27
　　基础知识图解 ··· 29
　　配套测试 ··· 30
第五章　魏晋南北朝时期的法律制度 ··· 35
　　基础知识图解 ··· 37
　　配套测试 ··· 37
第六章　隋唐法律制度 ··· 43
　　基础知识图解 ··· 45
　　配套测试 ··· 47
第七章　宋、辽、西夏、金法律制度 ··· 53
　　基础知识图解 ··· 55
　　配套测试 ··· 56
第八章　元朝法律制度 ··· 61
　　基础知识图解 ··· 63
　　配套测试 ··· 63
第九章　明朝法律制度 ··· 67
　　基础知识图解 ··· 69
　　配套测试 ··· 70
第十章　清朝法律制度（上） ··· 75
　　基础知识图解 ··· 77
　　配套测试 ··· 78
第十一章　清朝法律制度（下） ··· 83
　　基础知识图解 ··· 85
　　配套测试 ··· 86

第十二章　中华民国时期法律制度 ······ 93
基础知识图解 ······ 95
配套测试 ······ 96

第十三章　革命根据地新民主主义法律制度 ······ 103
基础知识图解 ······ 105
配套测试 ······ 106

综合测试题一 ······ 109
综合测试题二 ······ 112

附录：参考文献及推荐书目 ······ 115

第一章

中国法律文明的起源与夏商法律制度

考点速记手账

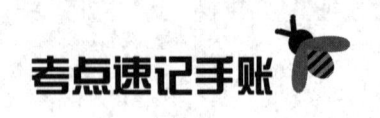

基础知识图解

```
                          ┌ 时间：原始社会末期
                          │
                          │ 来源：习惯法 ┌ 原始习惯
        中国法律文明的起源 ┤              └ 传统习俗
                          │
                          │ 法律渊源 ┌ 礼：祭祀礼仪规则和伦理道德习俗
                          └          └ 刑：复仇惩戒或军事征讨等暴力手段及其行为规范

                    ┌ 指导思想："行天之罚""受命于天"──→天罚与神判相结合
                    │
                    │                ┌ 习惯法：以礼和刑为主要内容，居主要地位
                    │ 主要法律形式 ┤ 君主的命令：誓、诰、训等
                    │                └ 夏刑、商刑等
                    │
                    │                ┌ 刑罚制度：奴隶制五刑：墨、劓、剕、宫、大辟
        夏商法律制度┤                │
                    │                │              ┌ 夏：不孝、弗用命、昏、墨、贼
                    │ 刑事法律内容 ┤ 主要罪名 ┤
                    │                │              └ 商：不孝、乱政、疑众
                    │                │
                    │                │              ┌ 对过失犯罪或危害行为减免刑事责任，对故意
                    │                │              │   犯罪或惯犯则从重处罚
                    │                └ 刑罚适用制度│ 宁可漏杀有罪，也决不错杀无辜的"疑罪从无"
                    │                               │ 慎罚思想
                    │                               └ 主张依据一定的标准或规则定罪量刑，反对
                    │                                   滥用刑罚
                    │
                    │              ┌ 行政、军事、司法职能划分不严格
                    └ 司法制度  ┤ 浓重的"天罚""神判"特色
                                   └ 监狱的设置："圜土"
```

配套测试

单项选择题

1. 赎刑制度始于什么朝代？（　　）
A. 夏朝　　　　　　B. 西周　　　　　　C. 战国时期　　　　D. 汉朝

2. 夏代称其司法官为（　　）。
A. 大理　　　　　　B. 士　　　　　　　C. 蒙士　　　　　　D. 司寇

3. 商代中央的司法官是（　　）。
A. 大理　　　　　　B. 司寇　　　　　　C. 正　　　　　　　D. 史

4. 以下哪一个是商朝的监狱名称（　　）。

A. 缚　　　　　　　B. "圜土"　　　　　C. 圉　　　　　　　D. 班房

5. 根据《礼记·王制》的记载，商朝对"乱政"和"疑众"均处以"杀"。下列行为中，属于"乱政"的是（　　）。

A. 析言破律　　　　　　　　　　　　B. 行伪而坚

C. 作淫声异服　　　　　　　　　　　D. 假于鬼神、时日、卜筮

☑ 多项选择题

1. 国家雏形显现的原因有（　　）。

A. 生产力的提高　　　　　　　　　　B. 私有观念的发展

C. 内外统治的需要　　　　　　　　　D. 部落长老的扩权

2. 商代神权法表现有（　　）。

A. 率民以事神　　　　　　　　　　　B. 先鬼而后礼

C. 以德配天　　　　　　　　　　　　D. 昊天有成命

3. 关于五虐之刑，说法正确的有（　　）。

A. 上古苗民的刑罚名称　　　　　　　B. 五刑制度的原型之一

C. 八虐制度的原型之一　　　　　　　D. 包括黥刑

4. 关于中国法律起源时期的兵刑关系，说法正确的有（　　）。

A. 大刑用甲兵　　　　　　　　　　　B. 中刑用矛戈

C. 次刑用刀剑　　　　　　　　　　　D. 薄刑用鞭扑

📚 名词解释

1. 氏族习惯
2. 习惯法
3. 夏礼
4. "与其杀不辜，宁失不经"
5. 五刑
6. 誓
7. "圜土"
8. "王权神授"
9. "天讨"与"天罚"
10. 车服之令
11. 司寇
12. "附从轻""赦从重"
13. "昏、墨、贼，杀"
14. 大辟

✏️ 简答题

1. 简述禹刑的内容。
2. 简述夏商两代的法律形式。
3. 简述商代的司法制度。

论述题

1. 试述中国法律的起源及其特点。
2. 试述商代的立法思想、主要法律及其法律形式。

案例分析题

据《墨子·非乐篇》载："汤之官刑有之，曰：'其恒舞于宫，是谓巫风。其刑：君子出丝二卫，小人否。'"据《尚书·伊训》记载："敢有恒舞于宫，酣歌于室，时谓巫风；敢有殉于货色，恒于游畋，时谓淫风；敢有侮圣言，逆忠直，远耆德，比顽童，时谓乱风。惟兹三风十愆，卿士有一于身，家必丧；邦君有一于身，国必亡。臣下不匡，其刑墨，具训于蒙士。"

试根据上述记载分析其说明的问题。

第二章

两周法律制度

考点速记手账

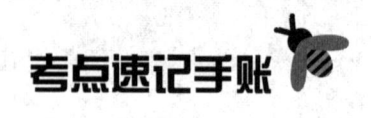

基础知识图解

- **西周**
  - **法律概况**
    - 法律思想的发展：在"天命""天讨""天罚"等基础上，发展出"以德配天""明德慎罚"思想
    - 制礼作刑的立法活动
      - 周公制礼
      - 吕侯作刑
    - 主要法律形式：周礼、吕刑、九刑、王命、遗训等
    - "礼刑"关系
      - 周礼的渊源与发展
      - 礼的性质与作用
      - 相互关系："礼之所去，刑之所取，失礼则入刑，相为表里"
      - 适用时"礼不下庶人，刑不上大夫"
  - **刑事法律制度**
    - 主要罪名："不孝不友""犯王命""放弑其君""杀越人于货""群饮""违背盟誓""失农时"
    - 刑罚体系
      - 死刑和肉刑
      - 赎刑
      - 圜土之制（劳役刑）
      - 嘉石之制（拘役刑）
      - 刑罚适用制度
      - 三赦之法
      - 三宥之法
      - 疑罪从轻唯赦制度
      - 同罪异罚制度
  - **民事法律制度**
    - 民事制度
      - 所有权
      - 债
      - 契约：质剂、傅别
    - 婚姻制度
      - "一夫一妻多妾制"
      - "六礼"
      - "七出""三不去"
      - 家庭继承制度：嫡长子继承制
  - **行政法律制度**
    - 国家行政体制
    - 行政管理制度
      - "学在官府"
      - 述职督课制度

```
          ┌ 司法机关
          │ 周王国：周王、大司寇、小司寇、士师等
          │ 地方诸侯国：与周王国基本相同
          │ 狱讼形式的划分：区分刑事诉讼与民事诉讼
西周 ┤ 司法制度 ┤ 司法审判原则：创立"五听"的审讯方式
          │ 注重运用各种证据
          │ 要求司法人员依法判案
          │ 禁止司法人员的"五过之疵"
          │ 重视司法人员的选拔任用
          └ 监狱管理制度："圜土"
```

```
                                    ┌ 儒家的"礼治""德治""人治"思想
                                    │ 道家的"自然""无为"思想
              ┌ 各家法律思想的争鸣与交锋 ┤ 墨家的"兼爱""尚贤""尚同"思想
              │                      │                    ┌ 事断于法、刑无等级
              │                      │                    │ 行刑重轻、以刑去刑
              │                      └ 法家的"法治""重刑"思想 ┤ "为法"、"行法"、明白
              │                                           └ 易知
东周（春秋战国时代）┤ 春秋后期成文法的公布及其意义 ┤ 制定与公布：郑国子产"铸刑鼎"、晋国
              │                             └ 争论与意义
              │        ┌ 编纂
              │        │ 内容：《盗法》《贼法》《囚法》《网法》《捕法》《杂法》《具法》
              │ 法经 ┤ 特点
              │        └ 地位：中国古代第一部比较系统的成文法典
              └ 战国时期的司法改革：建立君主专制中央集权的司法体系
```

配套测试

☑ 单项选择题

1. 我国早期习惯法时代的鼎盛时期是（　　）。

A. 夏　　　　　　B. 商　　　　　　C. 西周　　　　　　D. 春秋

2.《左传》云："礼，经国家，定社稷，序民人，利后嗣者也。"系对周礼的一种评价。关于周礼，下列哪一表述是正确的？（　　）

A. 周礼是先民祭祀风俗自然流传到西周的产物

B. 周礼仅属于宗教、伦理道德性质的规范

C. "礼不下庶人"强调"礼"有等级差别

D. 西周时期"礼"与"刑"是相互对立的两个范畴

3. 婚姻六礼作为中国古代婚姻成立的形式要件始于哪个朝代？（　　）
A. 西周 B. 西汉
C. 晋代 D. 唐代

4. 西周时期买卖兵器、珍异等小件物品使用的较短契券称为（　　）。
A. 傅 B. 别
C. 质 D. 剂

5. 西周时的借贷契约称为（　　）。
A. 傅别 B. 质
C. 剂 D. 典

6. 在西周时法官审案中判断当事人陈述真伪的方式是（　　）。
A. "五礼" B. "五罚"
C. "五刑" D. "五听"

7. 西周将故意犯罪与过失犯罪区分为什么？（　　）
A. 非终与惟终 B. 误与故
C. 不端与端为 D. 非眚与眚

8. 男方携礼至女家商定婚期被称为（　　）。
A. "纳吉" B. "纳征"
C. "问名" D. "请期"

9. 下列哪一选项不属于我国西周婚姻制度中婚姻缔结的原则？（　　）
A. 一夫一妻制 B. 同姓不婚
C. "父母之命，媒妁之言" D. "七出""三不去"

10. 关于中国古代婚姻家庭与继承法律制度，下列哪一选项是错误的？（　　）
A. 西周时期"七出""三不去"的婚姻解除制度为宗法制度下夫权专制的典型反映，然而"三不去"制度更着眼于保护妻子权益
B. 西周的身份继承实行嫡长子继承制，而财产继承制实行诸子平分制
C. 宋承唐律，但也有变通，如《宋刑统》规定，夫外出3年不归，6年不通问，准妻改嫁或离婚
D. 宋代法律规定遗产除由兄弟均分外，允许在室女享有部分继承权

11. 《后汉书·陈宠传》就西周礼刑关系描述说："礼之所去，刑之所取，失礼则入刑，相为表里。"关于西周礼刑的理解，下列哪一选项是正确的？（　　）
A. 周礼分为五礼，核心在于"亲亲""尊尊"，规定了政治关系的等级
B. 西周时期五刑，即墨、劓、剕（刖）、宫、大辟，适用于庶民而不适用于贵族
C. "礼"不具备法的性质，缺乏国家强制性，需要"刑"作为补充
D. 违礼即违法，在维护统治的手段上"礼""刑"二者缺一不可

12. 西周时中央的最高司法官称为（　　）。
A. 大司寇 B. 小司寇
C. 大理 D. 蒙士

13. 西周时期的官府在受理诉讼以后，当事人应该缴纳诉讼费用，在民事案件中的诉讼费用称为（　　）。
A. 束矢 B. 钧金
C. 傅别 D. 质剂

14. 中国封建法制时代由早期习惯法向成文法转变的重要阶段是（　　）。

A. 春秋战国时期 B. 秦汉时期
C. 三国两晋南北朝时期 D. 隋唐时期

15. 《法经》在中国法律制度史上具有重要的地位。下列有关《法经》的表述哪一项是不准确的？（　　）

A. 《法经》为李悝所制定
B. 《盗法》《贼法》两篇列为《法经》之首，体现了"王者之政莫急于盗贼"的思想
C. 《法经》的篇目为秦汉律及以后封建法律所继承并不断发展
D. 《法经》系中国历史上第一部成文法典

16. 中国历史上第二次公布成文法的活动是下列哪个诸侯国的哪个立法活动？（　　）

A. 郑国　铸刑书 B. 晋国　铸刑书
C. 郑国　铸刑鼎 D. 晋国　铸刑鼎

17. 《法经》六篇中相当于近代法典中总则篇的是（　　）。

A. 《囚法》 B. 《贼法》
C. 《杂法》 D. 《具法》

18. 在我国古代第一次公布成文法的人是（　　）。

A. 郑国子产 B. 晋国赵鞅
C. 郑国邓析 D. 叔向

19. 郑国子产在公布刑书时，遭到了贵族阶级的反对，其中代表人物是（　　）。

A. 驷颛 B. 范宣子
C. 叔向 D. 孔子

20. 战国时期各国纷纷制定新法，秦国在秦孝公时，商鞅以（　　）为蓝本"改法为律"，进行了法制改革。

A. 《法经》 B. 《大府之宪》
C. 《国律》 D. 《刑符》

21. 关于公元前359年商鞅在秦国变法，下列哪一选项是正确的？（　　）

A. 商鞅取消郡县制，实行分封制，剥夺了旧贵族对地方政权的垄断权
B. 商鞅"改法为律"，突出了法律规范的伦理基础
C. 商鞅推行"连坐"制度，鼓励臣民相互告发奸谋
D. 商鞅提出"轻罪重刑"，反对赦免罪犯，认为凡有罪者皆应受罚

22. 西周商品经济发展促进了民事契约关系的发展。《周礼》载："听卖买以质剂。"汉代学者郑玄解读西周买卖契约形式："大市，人民、牛马之属，用长券；小市，兵器、珍异之物，用短券。"对此，下列哪一说法是正确的？（　　）

A. 长券为"质"，短券为"剂"
B. "质"由买卖双方自制，"剂"由官府制作
C. 契约达成后，交"质人"专门管理
D. 买卖契约也可采用"傅别"形式

23. 郑国执政子产于公元前536年"铸刑书"，这是中国历史上第一次公布成文法的活动。对此，晋国大夫叔向曾写信痛斥子产："昔先王议事以制，不为刑辟，惧民之有争心也……民知有辟，则不忌于上，并有争心，以征于书，而徼幸以成之，弗可为矣。"关于"不为刑辟"的含义，下列哪一选项是正确的？（　　）

A. 不制定法律 B. 不规定刑罚种类
C. 不需要判例法 D. 不公布成文法

24. 春秋时期，针对以往传统法律体制的不合理性，出现了诸如晋国赵鞅"铸刑鼎"，郑国执政子产"铸刑书"等变革活动。对此，下列哪一说法是正确的？（   ）
  A. 晋国赵鞅"铸刑鼎"为中国历史上首次公布成文法
  B. 奴隶主贵族对公布法律并不反对，认为利于其统治
  C. 打破了"刑不可知，则威不可测"的壁垒
  D. 孔子作为春秋时期思想家，肯定赵鞅"铸刑鼎"的举措

25. 战国时期，各国纷纷制定新法，韩国制定了（   ）。
  A. 《法经》   B. 《宪令》
  C. 《国律》   D. 《刑符》

26. 春秋初期，晋国开始正式公布成文法的标志是（   ）。
  A. 作"被庐之法"   B. 制定"常法"
  C. 制定刑书   D. 铸刑鼎

27. 关于西周法制的表述，下列哪一选项是正确的？（   ）
  A. 周初统治者为修补以往神权政治学说的缺陷，提出了"德主刑辅，明德慎罚"的政治法律主张
  B. 《后汉书·陈宠传》称西周时期的礼刑关系为"礼之所去，刑之所取，失礼则入刑，相为表里"
  C. 西周的借贷契约称为"书约"，法律规定重要的借贷行为都须订立书面契约
  D. 西周时期在宗法制度下已形成子女平均继承制

28. 根据《周礼·秋官·司刺》的记载，西周法律规定，定罪量刑时须考虑行为人的主观动机，该规定是（   ）。
  A. 三赦之法   B. 三刺之法
  C. 三宥之法   D. 五过之疵

多项选择题

1. 周礼以下列哪些原则为基础？（   ）
  A. 亲亲   B. 明德慎罚
  C. 以德配天   D. 尊尊

2. 西周时期，女子若有"七出"规定情形之一的，谁可以提出休弃？（   ）
  A. 丈夫   B. 公公
  C. 婆婆   D. 姑嫂

3. 西周统治者为维系以血缘关系为纽带的组织形式，在政治实践中逐渐形成的原则与制度有（   ）。
  A. 嫡长子继承制
  B. 小宗服从大宗，诸弟服从长兄
  C. 西周土地按行政等级分封给各级官吏
  D. 国家官吏与各级行政结构的选拔，采用"任人唯贤"的原则
  E. 各级诸侯王、卿大夫、士共同向最高宗子——周天子负责

4. 下列关于"刑罚世轻世重"的正确论述是（   ）。
  A. 是西周时期的一条重要刑事政策
  B. 在西周初期以周公为代表的统治者在总结前代政治经验和用刑经验基础上提出来的
  C. 早期奴隶制社会时期刑罚轻重失衡的具体表现

D. 这种主张要求根据时势的变化、国家具体政治情况、社会环境等因素来决定用刑的宽与严、轻与重

E. 这种政策后来被融入中国传统政治理论中，对后世各封建帝王用法用刑有很大的影响

5. 西周的诉讼费称为（　　）。

A. 傅别　　　　　　　　　　B. 钧金

C. 束矢　　　　　　　　　　D. 质剂

E. 嘉石

6. 西周关于司法官法律责任的"五过之疵"包括（　　）。

A. 惟官　　　　　　　　　　B. 惟亲

C. 惟货　　　　　　　　　　D. 惟反

E. 惟内

7. 西周"六礼"程序包括（　　）。

A. 问名　　　　　　　　　　B. 纳采

C. 媵嫁　　　　　　　　　　D. 纳征

E. 亲迎

8. 《法经》是我国封建社会最早的一部初具体系的法典，有关《法经》的阶级本质下列论述正确的是（　　）。

A. 它的锋芒主要是指向农民和其他劳动人民的

B. 维护君主制度

C. 保障奴隶主贵族利益的工具

D. 维持奴隶制社会经济的巩固与发展

E. 维护等级制度

9. 《法经》的重要历史意义在于（　　）。

A. 维护君主制度

B. 维护等级制度

C. 初步确立了封建法制的基本原则和体系

D. 对当时封建经济的形成和巩固起到了积极作用

E. 有利于巩固与发展奴隶制社会经济

10. 战国时期，各诸侯国在变法中都以代表本阶级的思想为指导思想，各国的立法指导思想有（　　）。

A. "不别亲疏，不殊贵贱，一断于法"

B. "法者，编著之图籍，设之于官府，而布之于百姓者也"

C. "以德配天"

D. "明德慎罚"

E. "行刑，重其轻者"

11. 战国时期，各诸侯国相继变法，魏国魏文侯任用李悝为相后推行的新政措施有（　　）。

A. "明法审令"

B. "尽地力之教"

C. "善平籴"

D. 制定《法经》

E. 逐渐废除旧奴隶主贵族特权

12. 春秋战国时期是我国奴隶制瓦解，封建制逐步确立的时代，这一时期社会的发展与变化

有（　　）。
  A. 井田制的破坏
  B. 郡县制逐步取代分封制
  C. 王权旁落，政权下移
  D. 法治取代了礼制
  E. 宗法制日益衰落

13. 楚国在春秋时期制定的法律有（　　）。
  A. "被庐之法"　　　　　　　　B. "常法"
  C. "仆区之法"　　　　　　　　D. 竹刑
  E. "茆门之法"

14. 下列关于《法经》的叙述：①《法经》的作者是燕国李悝；②《法经》中的《具法》概括了盗、贼以外的各种犯罪行为和刑罚；③《法经》是一部"诸法合体"而以刑为主的法典；④《杂法》《捕法》多属于诉讼法的范围；⑤《法经》是中国历史上第一部比较系统的封建成文法典。不正确的有（　　）。
  A. ①　　　　　　　　　　　　B. ①②④
  C. ⑤　　　　　　　　　　　　D. ③

15. 下列关于商鞅变法的说法正确的是（　　）。
①废除世卿世禄制，奖励军功，奖励耕织；②取消分封制，实行郡县制，加强中央对地方的统治；③实行连坐制度；④"废井田，开阡陌，民得买卖"。
  A. ①②　　　　　　　　　　　B. ②③
  C. ③④　　　　　　　　　　　D. ①④

16. 中国古代关于德与刑关系的理论，经历了一个长期的演变和发展过程。下列哪些说法是正确的？（　　）
  A. 西周时期确立了"以德配天，明德慎罚"的思想，以此为指导，将道德教化与刑罚处罚结合，形成了当时"礼""刑"结合的宏观法制特色
  B. 秦朝推行法家主张，但并不排斥礼，也强调"德主刑辅，礼刑并用"
  C. 唐律"一准乎礼，而得古今之平"，实现了礼与律的有机统一，成为中华法系的代表
  D. 宋朝以后，理学强调礼和律对治理国家具有同等重要的地位，二者"不可偏废"

名词解释

1. "以德配天"
2. "明德慎罚"
3. 宗法制度
4. 周公制礼
5. 嫡长子继承制
6. "亲亲""尊尊"
7. "出礼则入刑"
8. "礼不下庶人，刑不上大夫"
9. "五听"
10. "婚姻六礼"
11. "三不去"
12. "三赦之法"

13. "刑罚世轻世重"
14. "三宥之法"
15. "嘉石之制"
16. 盟誓
17. 吕刑
18. 群饮
19. "一夫一妻多妾"
20. "眚""非眚""惟终""非终"
21. 宗祧继承制度
22. "同姓不婚"
23. "父母之命，媒妁之言"
24. "不孝不友"
25. "初税亩"
26. 郡县制
27. 竹刑
28. 善平籴
29. 铸刑书
30. "不别亲疏，不殊贵贱，一断于法"
31. 《法经》
32. "重其轻者"
33. 无为而治
34. 质剂
35. "三刺"
36. 五过之疵

简答题

1. 简述西周宗法制的主要内容。
2. 如何理解"礼不下庶人，刑不上大夫"这一重要法律原则？
3. 简述西周时期法律思想的变革。
4. 简述"礼之所去，刑之所取，出礼则入刑"的含义。
5. 简述家族主义在中国古代刑法中的表现。
6. 简述战国时期各国的变法和立法活动。
7. 简述春秋时期各国的主要立法活动。
8. 简述春秋时期井田制的破坏及其原因。
9. 简述《法经》的结构内容。
10. 简述《法经》的指导思想及历史地位。
11. 简述战国时期法家的主要思想。
12. 简述商鞅变法的内容与意义。

论述题

1. 试述西周时期的法律形式和主要罪名。
2. 试论述西周时期的司法机关及其主要诉讼制度。

3. 试论西周时期的主要刑法原则与刑事政策。
4. 试论春秋时期成文法的公布。
5. 试论中国古代传统的婚姻制度的主要内容。
6. 论述中国古代法律上礼治与刑治的关系及主要表现。
7. 简述西周时期的民事制度。

案例分析题

1. 据《礼记》记载："道德仁义，非礼不成；教训正俗，非礼不备；分争辨讼，非礼不决；君臣上下，父子兄弟，非礼不定；宦学事师，非礼不亲；班朝治军，莅官行法，非礼威严不行；祷祠祭祀，供给鬼神，非礼不诚不庄。""夫礼始于冠，本于婚，重于丧祭，尊于朝聘，和于射乡，此礼之大体也。"

试根据上述史料记载分析它所反映的问题。

2. 叔向在给子产的信中说："昔先王议事以制，不为刑辟，惧民之有争心也……民知有辟，则不忌于上，并有争心，以征于书，而徼幸以成之，弗可为矣……肸（音西，叔向名羊舌肸）闻之：'国将亡，必多制'。"

试分析这段话所说明的法律问题。

第三章

秦朝法律制度

考点速记手账

🅰️ 基础知识图解

- **秦朝法律制度**
  - 秦朝法律的特点与历史地位
    - 法家理论作为立法的指导思想，具体体现为："以法为本""一断于法""轻罪重刑"
    - 以法律手段全面调整社会关系
    - 刑法文明发展滞后
    - 否定宗法关系在社会中的作用
    - 确立重点保护中央集权、皇权的原则
  - 立法活动：《秦律》
  - 法律形式：律、令、式、廷行事、法律答问、法律文告
  - 刑事法律制度
    - 罪名：降敌罪、不敬国君罪、挟书罪、以古非今罪、言论罪
    - 原则：刑事责任年龄
      - 区分故意与过失，诬告反坐
      - 加重原则：集团犯和累犯加重
      - 减轻原则
      - 连坐原则
    - 刑种：
      - 死刑：腰斩、弃市、具五刑等
      - 肉刑：劓、斩左趾、宫
      - 劳役刑：城旦舂；鬼薪白粲；隶臣、隶妾；司寇；候
      - 羞辱刑：髡、耐
      - 财产刑：赀
      - 其他刑：废、免、收
  - 民事法律
    - 社会身份与民事权利：皇帝及官僚、有爵位者；平民；奴隶
    - 所有权：国有和私有
    - 婚姻家庭继承制度
  - 行政法规
    - 分类
      - 行政事务
      - 官吏任用
      - 官吏奖惩
  - 司法制度
    - 司法机关
      - 中央：皇帝有最高的司法审判权
        - 设廷尉、丞相、御史大夫
      - 地方：实行行政、司法合一制度
    - 诉讼制度
      - 判决原则：必须引用法律条款
      - 诉讼形式：公室告、非公室告
      - 诉讼的审理：调查、勘验、审讯
      - 案件的判决：读鞫（宣判）、乞鞫程序（上诉）

配套测试

单项选择题

1. 中国古代确立以身高为标准承担刑事责任的这一刑罚原则的是哪个朝代？（　　）
   A. 西周　　　　　　　　　　　　B. 隋代
   C. 秦代　　　　　　　　　　　　D. 汉代

2. 官方对法律条文、术语、律文的意图等作出的具有法律效力的解释，在秦朝的法律形式中被称为（　　）。
   A. 诏令　　　　　　　　　　　　B. 式
   C. 廷行事　　　　　　　　　　　D. 法律答问

3. 秦统治者总结前代法律实施方面的经验，结合本朝特点，形成了一些刑罚适用原则。对于秦律原则的相关表述，下列哪一选项是正确的？（　　）
   A. 关于刑事责任能力的确定，以身高作为标准，男、女身高六尺二寸以上为成年人，其犯罪应负刑事责任
   B. 重视人的主观意识状态，对故意行为要追究刑事责任，对过失行为则认为无犯罪意识，不予追究
   C. 对共犯、累犯等加重处罚，对自首、犯后主动消除犯罪后果等减轻处罚
   D. 无论教唆成年人、未成年人犯罪，对教唆人均实行同罪，加重处罚

4. 秦朝刑法中强制男性犯人去山林砍柴以供祭祀，女性犯人为祠祀择米的刑罚被称为（　　）。
   A. 城旦舂　　　　　　　　　　　B. 鬼薪、白粲
   C. 司寇　　　　　　　　　　　　D. 隶臣妾

5. 秦朝法律中有关审理案件的原则、治狱程式、调查勘验等方面的法律规定是（　　）。
   A. 《秦律杂抄》　　　　　　　　　B. 《封诊式》
   C. 《法律答问》　　　　　　　　　D. 《秦律十八种》

6. 在秦代，"子盗父母""父母擅刑"属于（　　）。
   A. 公罪　　　　　　　　　　　　B. 私罪
   C. 公室告　　　　　　　　　　　D. 非公室告

7. 在众人聚集的闹市上，对犯人执行死刑的方法在秦代被称为（　　）。
   A. 枭首　　　　　　　　　　　　B. 弃市
   C. 腰斩　　　　　　　　　　　　D. 车裂

8. 秦朝的耻辱刑中有"耐"刑，就是（　　）。
   A. 剃去犯人头发　　　　　　　　B. 剃去犯人胡须
   C. 在犯人脸上刺字　　　　　　　D. 割去犯人的耳朵

9. 统一后的秦代法制比过去更加多样化，其主要法律形式是（　　）。
   A. 律　　　　　　　　　　　　　B. 令
   C. 法律答问　　　　　　　　　　D. 廷行事

10. 下列情形中属于秦代自诉案件中的"公室告"的是（　　）。
   A. 控告他人的杀伤和盗窃行为
   B. 父母控告子女盗窃自己的财产

C. 子女控告父母
D. 奴妾控告主人肆意加诸各种刑罚

11. 秦代刑罚种类极为繁多，下列刑罚中，哪一个属于秦代的经济刑？（　　）
A. 城旦舂　　　　　　　　　　B. 耐
C. 赀　　　　　　　　　　　　D. 收

12. 据史书载，以下均为秦朝刑事罪名。下列哪一选项最不具有秦朝法律文化的专制特色？（　　）
A. "偶语诗书"　　　　　　　　B. "以古非今"
C. "非所宜言"　　　　　　　　D. "失刑"

13. 中国历史上曾进行多次法制变革以适应社会的发展。关于这些法制变革的表述，下列哪一选项是错误的？（　　）
A. 秦国商鞅实施变法改革，全面贯彻法家"明法重刑"的主张，加大量刑幅度，对轻罪也施以重刑，以实现富国强兵目标
B. 西汉文帝为齐太仓令之女缇萦请求将自己没官为奴、替父赎罪的行为所动，下令废除肉刑
C. 唐代废除了宫刑制度，创设了鞭刑和杖刑，以宽减刑罚，缓解社会矛盾
D. 《大清新刑律》抛弃了旧律诸法合体的编纂形式，采用了罪刑法定原则，规定刑罚分为主刑、从刑

14. 秦律明确规定了司法官渎职犯罪的内容。关于秦朝司法官渎职的说法，下列哪一选项是不正确的？（　　）
A. 故意使罪犯未受到惩罚，属于"纵囚"
B. 对已经发生的犯罪，由于过失未能揭发、检举，属于"见知不举"
C. 对犯罪行为由于过失而轻判者，属于"失刑"
D. 对犯罪行为故意重判者，属于"不直"

多项选择题

1. 下列关于秦朝的刑罚适用原则说法正确的有（　　）。
A. 区分故意与过失原则　　　　B. 共犯与集团犯罪加重处罚的原则
C. 教唆犯罪加重处罚原则　　　D. 自首减轻处罚原则

2. 秦代的徒刑包括（　　）。
A. 城旦舂　　　　　　　　　　B. 鬼薪、白粲
C. 隶臣妾　　　　　　　　　　D. 司寇
E. 候

3. 秦律为惩罚官吏职务犯罪所设罪名有（　　）。
A. 不胜任　　　　　　　　　　B. 不廉
C. 失刑　　　　　　　　　　　D. 不直
E. 纵囚

4. 从现有的史籍和秦简中特别是从《法律答问》和《封诊式》的记载中，可以看出秦代的基本诉讼原则有（　　）。
A. 有罪推定原则　　　　　　　B. 依法律和事实判决的原则
C. 有条件的刑讯原则　　　　　D. 证据原则
E. 重罚原则

5. 依据秦代的有关民事法规，秦代的民事主体中，享有完全民事权利能力的民事权利主体是（　　）。

A. 皇帝
B. 有爵者、士伍或百姓
C. 商贾、赘婿
D. 隶臣妾
E. 人奴妾和官奴婢

6. 秦代的经济法规种类繁多，内容庞杂，有关农牧业资源与产品管理和保护的法律有（　　）。

A.《田律》
B.《仓律》
C.《金布律》
D.《工人程》
E.《效律》

不定项选择题

1. 下列关于秦朝刑罚的叙述：①髡是剃去犯人胡须的耻辱刑；②赎刑是判处犯人缴纳财物的刑罚；③"具五刑"是一种肉刑；④"定杀"是一种死刑，"令人站而斩之"；⑤赀刑是一种以罚金、罚物为主的刑罚。不正确的是（　　）。

A. ①
B. ②③④
C. ⑤
D. ①③

2. 秦代的"不直""纵囚""失刑"犯罪所属罪名类型是（　　）。

A. 危害皇权罪
B. 侵犯财产和人身罪
C. 渎职罪
D. 破坏婚姻家庭秩序罪

3. 秦代的死刑执行方法有很多，下列选项中不属于秦代死刑执行方法的有（　　）。

A. 弃市
B. 族刑
C. 具五刑
D. 磔
E. 刖

4. 秦代的定罪量刑原则有（　　）。

A. 规定刑事责任年龄
B. 确认主观意识状态，区分故意与过失
C. 教唆同罪，累犯加重
D. 自首减轻处罚
E. 实行连坐和诬告反坐

5. 秦律钳制人民思想言辞的罪名有（　　）。

A. 以古非今罪
B. 偶语诗书罪
C. 腹诽罪
D. 失期
E. 投书罪

名词解释

1. "一法度"
2. 律
3. 令
4. "法律答问"
5. "不直罪""纵囚罪"
6. "城旦舂"
7. "具五刑"
8. 廷行事

9. "赀"
10. "非公室告"
11. 诬告反坐
12. 劾
13. 御史大夫
14. "三公"
15. "九卿"
16. 爰书
17. 盗徙封
18. 司寇
19. 睡虎地秦简

简答题

1. 简述秦代具有行政法规性质的法律规范。
2. 简述秦代的监狱管理制度。
3. 简述秦代的婚姻与继承法律制度。
4. 简述秦代行政法规中关于中央机构和地方机构的设置的规定。
5. 简述睡虎地秦简《为吏之道》中的"五善"指什么。
6. 简述秦代的民事权利主体的种类。
7. 简述秦代监察制度的内容。
8. 简述秦朝法律的主要形式。
9. 简述秦朝的刑罚制度。
10. 试论述秦代的定罪量刑原则。

论述题

1. 试论秦代诉讼制度。
2. 试论韩非法治观对中国传统法律文化的影响。
3. 法家所提倡的、秦所实践的"法治"与现代的"法治"有何异同？

第四章

汉朝法律制度

考点速记手账

基础知识图解

- 汉朝法律制度
  - 法律概况
    - 指导思想：汉初黄老思想—西汉中期儒家正统法律思想的确立—东汉时期章句律学的兴起
    - 立法概况
      - 汉律六十篇
      - 文景时期的刑制改革
      - 西汉中后期立法与东汉时期的主要立法活动
    - 法律形式：律、令、科、比
  - 刑事法律制度
    - 刑罚原则
      - 直接依年龄确定刑事责任
      - 上请
      - "亲亲得相首匿"
      - 恤刑：对老幼、妇孺予以照顾
      - 贵族官员有罪先请
    - 刑罚制度
      - 废墨、劓、刖等肉刑
      - 沿用更规范的刑罚体系、沿用
        - 死刑
        - 宫刑
        - 笞刑
        - 劳役刑
        - 徒边
        - 禁锢
        - 赎刑
    - 主要罪名
      - 危害政权罪：谋反、大逆不道
      - 侵犯皇权、危害皇帝人身安全的犯罪
        - 不敬、大不敬
        - 违反诏令罪
        - 欺谩、诋欺、诬罔罪
      - 危害中央集权：阿党附益
      - 违反伦常罪：不孝、禽兽行等
  - 行政法律制度
    - 职官管理制度
      - 选官方式：察举、征辟等
      - 任用方式：拜、征、守、假、兼、领、行、迁
      - 官吏任用的回避制度
    - 职官考课奖惩制度
      - "上计"、考课制度
      - 免官处分制度
    - 监察制度
      - 中央监察机关：御史大夫、御史中丞
      - 地方监察机关：司隶校尉、州刺史

```
                          ┌ 行为能力的确定：依等级身份
                          │        ┌ 国家土地所有权
                          │        │ 私人土地所有权
                          │ 所有权 ┤ 所有权的保护
                          │        └ 遗失物的处理
              ┌ 民事法律制度 ┤    ┌ 买卖契约
              │           │ 债 ┤ 租佃
              │           │    └ 借贷
              │           │         ┌ 婚姻的成立
              │           │ 婚姻家庭 ┤ "一夫一妻多妾制"
              │           │         └ 婚姻的解除
              │           └ 继承权：不承认非子、非正的继承权；诸子均分遗产
  汉朝       │              ┌ 田租
  法         │           ┌ 税赋立法 ┤ 算赋和口赋
  律         ┤ 经济法律制度 ┤        └ 关税
  制         │           │              ┌ 盐铁酒专卖法
  度         │           └ 工商管理立法 ┤ 抑商制度
              │           ┌ 司法机关 ┌ 中央：皇帝、丞相、御史大夫、廷尉
              │           │          └ 地方：行政权与司法权没有明确区分
              └ 司法制度 ┤              ┌ 春秋决狱
                          └ 诉讼和审判制度 ┤ 疑狱谳报与录囚
                                          └ 秋冬行刑
```

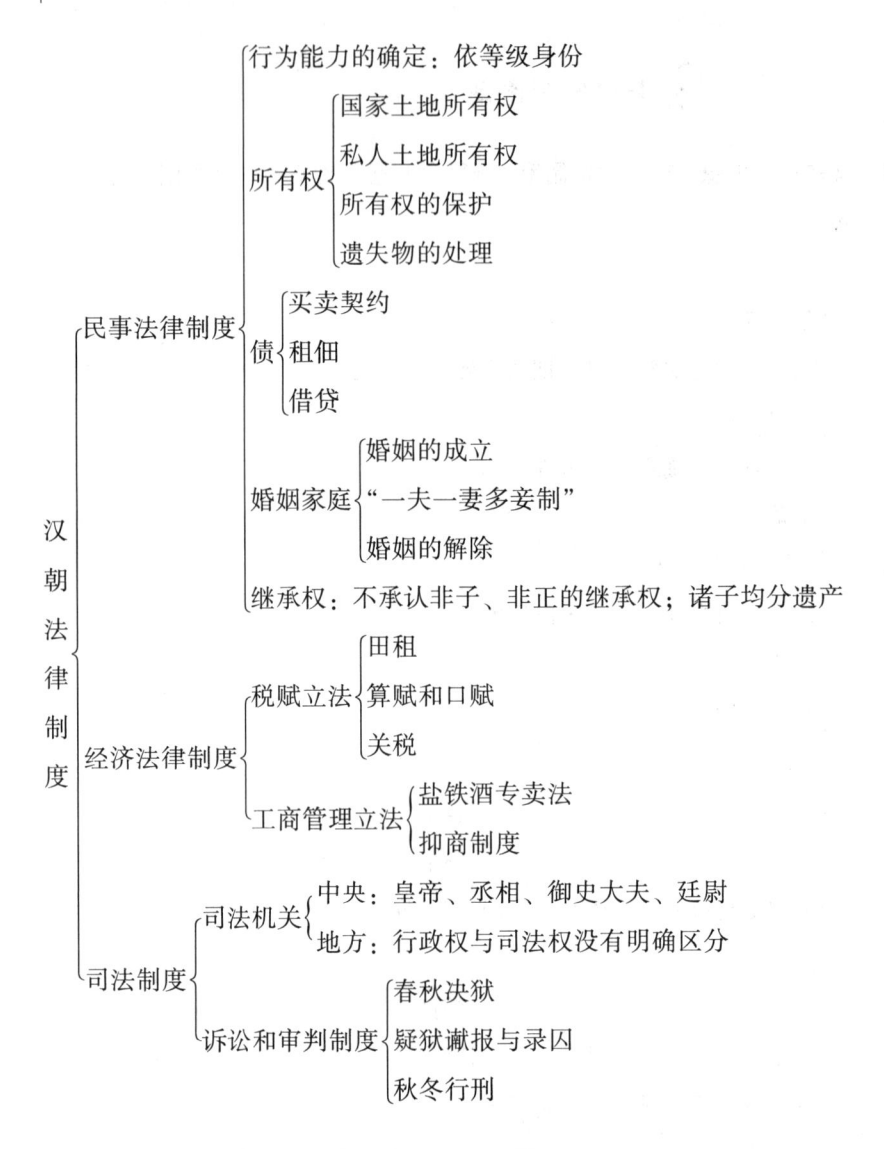

配套测试

单项选择题

1. 上请是什么时候开始成为普遍的特权的？（   ）

A. 西汉　　　　　　　　　　　　　　B. 东汉

C. 三国　　　　　　　　　　　　　　D. 南北朝

2. 汉律六十篇中关于礼仪制度方面的法律是（   ）

A.《傍章律》　　　　　　　　　　　B.《朝律》

C.《越宫律》　　　　　　　　　　　D.《九章律》

3. "亲亲得相首匿"的思想最早来源于（   ）。

A. 庄子　　　　　　　　　　　　　　B. 孟子

C. 墨子　　　　　　　　　　　　　　D. 孔子

4. 汉文景帝时期下诏废除肉刑着手改革刑制，只有（   ）未改。

A. 墨刑　　　　　　　　　　　　B. 宫刑
C. 劓刑　　　　　　　　　　　　D. 斩左趾刑

5. 汉初至文景帝时期法律的指导思想是（　　　）。
A. 轻徭薄赋　　　　　　　　　　B. 约法省刑
C. 德主刑辅　　　　　　　　　　D. 黄老思想

6. 汉代曾发生这样一件事情：齐太仓令获罪当处墨刑，其女缇萦上书请求将自己没为官奴，替父赎罪。这一事件导致了下列哪一项法律制度改革？（　　　）
A. 汉高祖规定"上请"制度
B. 汉文帝废除肉刑
C. 汉文帝确立"官当"制度
D. 汉景帝规定"八议"制度

7. 汉武帝时，有甲、乙二人争言相斗，乙以佩刀刺甲，甲之子丙慌忙以杖击乙，却误伤甲。有人认为丙"殴父也，当枭首"。董仲舒引用《春秋》事例，主张"论心定罪"，认为丙"非律所谓殴父，不当坐"。关于此案的下列哪种评论是错误的？（　　　）
A. "论心定罪"是儒家思想在刑事司法领域的运用
B. 以《春秋》经义决狱的主张是旨在建立一种司法原则
C. "论心定罪"仅为一家之言，历史上不曾被采用
D. "论心定罪"有可能导致官吏审判案件的随意性

8. 汉代最高司法机关是（　　　）。
A. 刑部　　　　　　　　　　　　B. 御史台
C. 廷尉　　　　　　　　　　　　D. 司隶校尉

9. 西汉末年，某地一男子偷盗他人一头牛并贩卖到外乡，回家后将此事告诉了妻子。其妻隐瞒未向官府举报。案发后，该男子受到惩处。依照汉代法律，其妻的行为应如何处理？（　　　）
A. 完全不负刑事责任　　　　　　B. 按包庇罪论处
C. 与其丈夫同罪　　　　　　　　D. 按其丈夫之罪减一等处罚

10. 汉宣帝地节四年下诏曰："自今子首匿父母、妻匿夫、孙匿大父母，皆勿坐。其父母匿子、夫匿妻、大父母匿孙，罪殊死，皆上请廷尉以闻。""亲亲得相首匿"正式成为中国封建法律原则和制度。对此，下列哪一选项是错误的？（　　　）
A. 近亲属之间相互首谋隐匿一般犯罪行为，不负刑事责任
B. 近亲属之间相互首谋隐匿所有犯罪行为，不负刑事责任
C. "亲亲得相首匿"的本意在于尊崇伦理亲情
D. "亲亲得相首匿"的法旨在于宽宥缘自亲情发生的隐匿犯罪亲属的行为

11. 据《汉书·严助传》载，汉朝廷中大夫严助接受淮南王"厚赂"，与其"交私论议"。后淮南王谋反事发，严助受到牵连，被处弃市。严助所涉的罪名是（　　　）。
A. 见知故纵　　　　　　　　　　B. 通行饮食
C. 阿党附益　　　　　　　　　　D. 怨望诽谤

12. 汉律的罪名除沿袭秦制外，又增设了一些新罪名。"左官"便是其中危害中央集权的犯罪之一，具体是指（　　　）。
A. 诸侯国官吏与诸侯王结党，知其犯罪而不举奏
B. 朝廷大臣交通诸侯，助其获得非法利益
C. 朝廷官员"舍天子而仕诸侯"
D. 泄露朝廷机密事宜

多项选择题

1. 下列哪些原则属于西汉中期以后的法制指导思想？（　　）
A. "以德配天"　　　　　　　　B. "德主刑辅"
C. "明德慎罚"　　　　　　　　D. "出礼入刑"

2. 下列中国古代法律制度，哪些是直接受儒家思想的影响而形成的？（　　）
A. 汉代的"春秋决狱"
B. 明代的"九卿会审"
C. 《魏律》规定的"八议"制度
D. 《晋律》和《北齐律》确立的"准五服制罪"制度

3. 汉律九章是在《法经》六篇基础上增加三篇而成，这三篇包括（　　）。
A. 《户》　　　　　　　　　　B. 《兴》
C. 《具》　　　　　　　　　　D. 《厩》

4. 汉代的法律形式有（　　）。
A. 律　　　　　　　　　　　　B. 格
C. 式　　　　　　　　　　　　D. 典
E. 令

5. 西汉时期为打击和控制诸侯王的势力加强中央集权而制定的法律有（　　）。
A. 《九章律》　　　　　　　　B. 《傍章律》
C. 《酎金律》　　　　　　　　D. 《朝律》
E. 《左官律》

6. 秦汉时期的刑罚主要包括笞刑、徒刑、流放刑、肉刑、死刑、羞辱刑等，下列哪些选项属于徒刑？（　　）
A. 候　　　　　　　　　　　　B. 隶臣妾
C. 弃市　　　　　　　　　　　D. 鬼薪白粲

不定项选择题

1. 汉律中关于亲属间有罪相互隐匿，无条件作免罪处罚的情况有（　　）。
A. 子匿父母　　　　　　　　　B. 孙匿祖父母
C. 妻匿夫　　　　　　　　　　D. 夫匿妻

2. 汉文帝十三年下诏废除肉刑，内容包括（　　）。
A. 当完者，完为城旦舂
B. 当黥者，髡钳为城旦舂
C. 当劓者，笞一百
D. 当斩左趾者，笞二百
E. 当斩右趾者，弃市

名词解释

1. 乞鞫
2. 汉代读鞫
3. "秋冬行刑"

4. 黄老思想
5. 春秋决狱
6. "亲亲得相首匿"
7. "六条问事"
8. 《沈命法》
9. 先请
10. 录囚
11. 决事比
12. 廷尉
13. 《九章律》
14. "德主刑辅"
15. 约法三章
16. 汉律六十篇
17. 缇萦上书

简答题

1. 简述西汉刑事法律是如何维护以君主为核心的中央集权制度的。
2. 简述汉代关于继承法律制度的主要内容。
3. 试列举西汉中期为了打击诸侯势力而颁布的法律。
4. 简述西汉"三公"制度的确立。
5. 简述汉代的司法机构。
6. 简述汉代法制指导思想的发展变化。
7. 简述汉初黄老学派的法律思想。
8. 简述汉代刑法对秦代主要罪名的发展。
9. 简述汉文帝、汉景帝时期刑制改革的内容和意义。
10. 简述"春秋决狱"的主要内容。
11. 简述"亲亲得相首匿"原则的主要内容。
12. 简述汉代诉讼制度中对"诉权"的限定。
13. 简述汉代恤刑原则的内容与实质是什么？
14. 试述汉代"春秋决狱"的影响。

论述题

1. 试述汉武帝时期立法的主要内容。
2. 试述秦代刑法原则在汉代的发展。
3. 试述儒家思想对汉代司法的影响。
4. 试述汉代中央监察机关的发展与监察制度的法律化。
5. 试述董仲舒的法律思想及其影响。

案例分析题

据《太平御览》卷八百三十六所引《风俗通》云："沛中有富豪，家赀三千万，小妇子是男，又早失母，其大妇女甚不贤。公病困，恐死后必当争财，男儿判不全得，因呼族人为遗令，云：

'悉以财属女，但以一剑与男，年十五以付之。'儿后大，姊不肯与剑，男乃诣官诉之。司空何武曰：'剑，所以断决也。限年十五，有智力足也。女及婿温饱十五年已幸矣！'议者皆服，谓武原情度事得其理。"

以上述材料分析汉代的相关继承制度。

第五章

魏晋南北朝时期的法律制度

考点速记手账

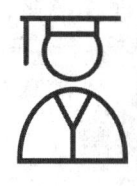

基础知识图解

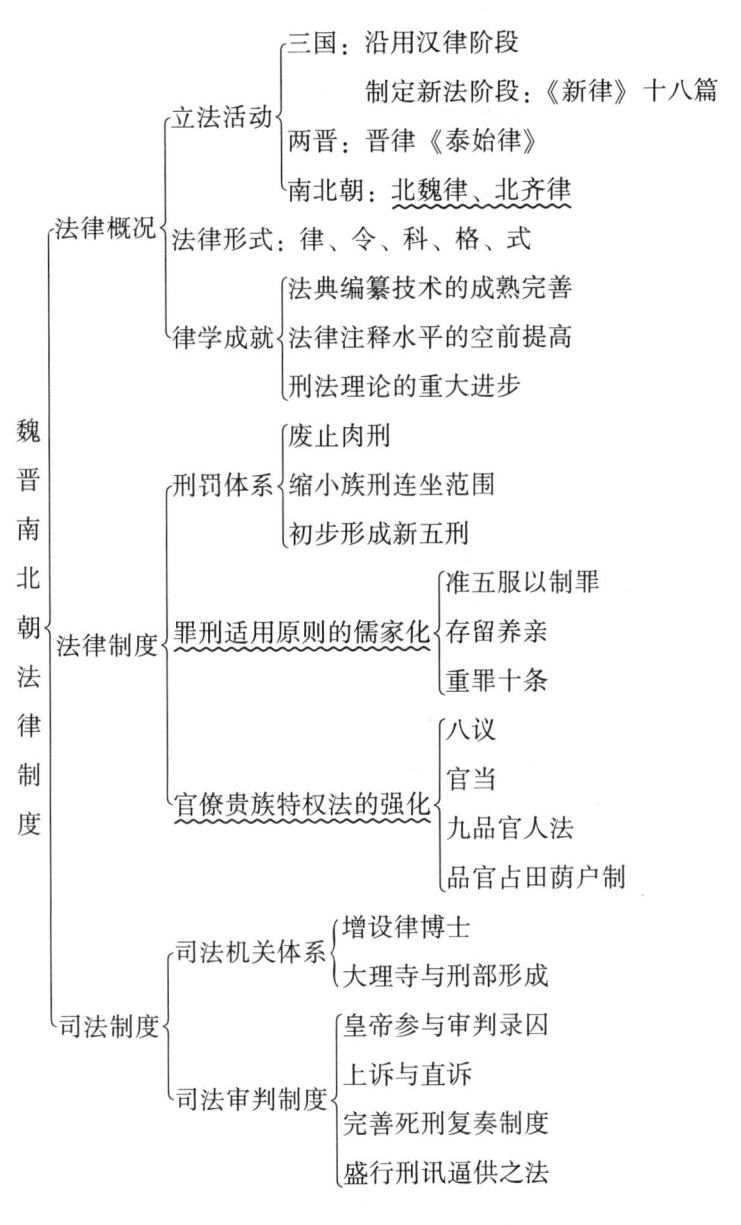

魏晋南北朝法律制度
- 法律概况
  - 立法活动
    - 三国：沿用汉律阶段
    - 制定新法阶段：《新律》十八篇
    - 两晋：晋律《泰始律》
    - 南北朝：北魏律、北齐律
  - 法律形式：律、令、科、格、式
  - 律学成就
    - 法典编纂技术的成熟完善
    - 法律注释水平的空前提高
    - 刑法理论的重大进步
- 法律制度
  - 刑罚体系
    - 废止肉刑
    - 缩小族刑连坐范围
    - 初步形成新五刑
  - 罪刑适用原则的儒家化
    - 准五服以制罪
    - 存留养亲
    - 重罪十条
  - 官僚贵族特权法的强化
    - 八议
    - 官当
    - 九品官人法
    - 品官占田荫户制
- 司法制度
  - 司法机关体系
    - 增设律博士
    - 大理寺与刑部形成
  - 司法审判制度
    - 皇帝参与审判录囚
    - 上诉与直诉
    - 完善死刑复奏制度
    - 盛行刑讯逼供之法

配套测试

单项选择题

1. 魏晋南北朝时期的法律制度较秦汉时期有了重大发展，以下哪一项不是确立于这一时期并对后世影响较大的制度？（　　）

A. 春秋决狱　　　　　　　　　　　B. "官当"

C. "准五服以制罪"　　　　　　　　D. "重罪十条"

2. 魏晋南北朝时期，首次将"准五服以治罪"列入律典的是（　　）。

A. 《晋律》 B. 《北齐律》
C. 《北魏律》 D. 《新律》

3. 存留养亲确立于（　　）。
A. 曹魏时期 B. 西晋时期
C. 北魏时期 D. 隋唐时期

4. "重罪十条"是为了镇压危害封建专制统治和违反伦理纲常的行为而制定的规定，始见于（　　）。
A. 《新律》 B. 《泰始律》
C. 《北齐律》 D. 《大统式》

5. 《北齐律》改《北魏律》的六种刑罚为五种，确立五刑为（　　）。
A. 死、流、宫、徒、鞭
B. 死、流、徒、鞭、杖
C. 死、流、徒、杖、笞
D. 死、髡、赎、杂抵罪、罚金

6. 八议之说源于《周礼》"八辟"。（　　）时期，"八议"成为刑律的主要内容。
A. 两汉 B. 曹魏
C. 西晋 D. 北魏

7. 程树德在《九朝律考》中指出："自晋氏失驭，海内分裂，江左以清谈相尚，不崇名法。故其时中原律学，衰于南而盛于北。"这一时期中原律学的发展推动了北朝立法的创新。下列选项中，代表了北朝立法最高成就的法典是（　　）。
A. 《北魏律》 B. 《麟趾格》
C. 《北齐律》 D. 《大统式》

8. 北齐改九卿之一的廷尉为（　　）并将其扩建，是当时中央审判机关。
A. 大理寺 B. 御史台
C. 少府 D. 尚书省

9. 晋代颁布的"品官占田荫客令"规定官僚贵族可以按官品享有的特权，不包括（　　）。
A. 占田土 B. 占佃客
C. 荫亲属 D. 占麦客

10. （　　）为了增强法典的科学性将《晋律》的《刑名》《法例》合并为一篇，名为《名例》，冠于律首。
A. 北齐 B. 北周
C. 北魏 D. 曹魏

11. 《晋书·刑法志》记载，律学家张斐对二十个法律概念作了精确解释。其中，他将"戏"解释为（　　）。
A. "两讼相趣" B. "两和相害"
C. "不意误犯" D. "知而犯之"

多项选择题

1. 北魏时期存在下列哪些制度或者原则？（　　）
A. 官当 B. 准五服制罪
C. 死刑复奏制 D. 重罪十条

2. 魏晋南北朝时期法律发生了许多发展变化，对后世法律具有重要影响。下列哪些表述正确

揭示了这些发展变化？（　　）

A. 《北齐律》共 12 篇，首先将刑名与法例律合为名例律一篇

B. 《新律》以《周礼》"八辟"为依据，正式规定了"八议"制度

C. 《北周律》首次规定了"重罪十条"

D. 《北魏律》与《陈律》正式确立了"官当"制度

3. 下列属于"八议"内容的有（　　）。

A. "议亲"　　　　　　　　　　B. "议贤"

C. "议功"　　　　　　　　　　D. "议宾"

4. 三国两晋南北朝时期，礼法结合体现在关于（　　）的规定。

A. 八议　　　　　　　　　　　B. 官当

C. 服制定罪　　　　　　　　　D. 重罪十条

5. 三国两晋南北朝时期经过对法律形式、法典体例的完善而形成的法律的主要形式有（　　）。

A. 律　　　　　　　　　　　　B. 令

C. 格　　　　　　　　　　　　D. 例

E. 式

6. 西晋《泰始律》确立了"准五服以制罪"原则。根据该原则，下列行为中应予从轻处罚的有（　　）。

A. 子骂詈父母　　　　　　　　B. 叔殴杀侄

C. 子盗父母　　　　　　　　　D. 兄殴伤弟

不定项选择题

1. 下列有关曹魏《魏律》的不正确说法有（　　）。

A. 由汉律的九篇增加为十二篇

B. "准五服制罪"入律

C. 改革刑罚，使刑罚制度进一步规范化

D. 将《九章律》中的"具律"改为"法例"置入律首

2. 下列叙述中，①《北齐律》首立"十恶"重罪，促进了礼与法的结合；②《晋律》是魏晋南北朝时期施行最久的一部法典；③《北魏律》经律学家张斐、杜预作注，故又称《张杜律》；④《陈律》以"官当"入律，允许官员以官爵抵罪；⑤《北魏律》最早确立法典十二篇结构。错误的是（　　）。

A. ①②　　　　　　　　　　　B. ③

C. ④　　　　　　　　　　　　D. ⑤

3. 魏晋南北朝时期确立的（　　）既体现了恤刑，又体现了加强皇帝对司法审判的控制。

A. 律博士　　　　　　　　　　B. 登闻鼓制度

C. 死刑复奏制度　　　　　　　D. 废除肉刑

4. 留养制度又称"存留养亲"，在（　　）时已入律，并为后世所沿袭，它是中国古代法律家族化、伦理化的体现。

A. 北齐　　　　　　　　　　　B. 北魏

C. 北周　　　　　　　　　　　D. 西魏

5. （　　）对于《晋律》中的法律概念和术语做出了规范性、科学性的解释，对后世律学产生了深远的影响。

A. 崔浩　　　　　　　　　　B. 陈群
C. 张斐　　　　　　　　　　D. 杜预

6. 在西晋《泰始律》的各篇中，承担"经略罪法之轻重，正加减之等差，明发众篇之多义，补其章条之不足，较举上下纲领"功能的是（　　）

A.《杂律》　　　　　　　　B.《违制》
C.《刑名》　　　　　　　　D.《户律》

名词解释

1. 八议
2. 《晋律》
3. 服制定罪
4. 存留养亲
5. 登闻鼓
6. 九品中正制
7. 官当
8. 准五服以制罪
9. 《北齐律》

简答题

1. 简述《北齐律》的成就与特色。
2. 简述三国两晋南北朝时期法律形式的发展变化。
3. 简述《泰始律》的律学成就和内容上的特色。
4. 《太平御览》引晋杜预《律序》："律以正罪名，令以存事制。"《晋书·刑法志》："违令有罪则入律。"请简述晋代律令的关系。
5. 简述三国两晋南北朝时期引礼入法的法律表现。

论述题

1. 论述三国两晋南北朝时期的主刑体例和诉讼制度的变化。
2. 论述三国两晋南北朝时期立法的主要成就。
3. 试论三国两晋南北朝时期门阀世族特权的法律化。

案例分析题

1. 据《隋书·刑法志》记载，东晋成帝时，庐陵太守羊聃为非作歹，滥施刑杀，一次错杀无辜一百九十人，"有司奏聃罪当死"，但因景献皇后是他祖姑，属"议亲"之列，竟免处死。
试结合材料分析当时的相关制度。

2. 陈寅恪先生在20世纪40年代提出"刑律儒家化"的观点。他在《隋唐制度渊源略论稿》中论道："古代礼律关系密切，而司马氏以东汉末年之儒学大族创建晋室，统制中国，其所制定之刑律尤为儒家化，既为南朝历代所因袭，北魏改律，复采用之，辗转嬗蜕，经由（北）齐隋，以至于唐，实为华夏刑律不祧之正统……"
瞿同祖先生对"法律的儒家化问题"进行了系统论述。他在《中国法律之儒家化》一文中提出："儒家以礼入法的企图在汉代已开始……实胚胎酝酿于此时，时机早已成熟，所以曹魏一旦制律，儒家化的法律便应运而生。""归纳言之，中国法律之儒家化可以说是始于魏、晋，成于北魏、北齐，隋、唐采用后便成为中国法律的正统。"

根据上述材料，请运用中国法制史的知识，回答以下问题：

(1) 为什么说晋朝"所制定之刑律尤为儒家化"？
(2) 汉代以后"以礼入法"表现为哪些制度或原则？
(3) 概述中国法律儒家化的历史进程。
(4) 如何评价中国古代法律的儒家化？

第六章

隋唐法律制度

考点速记手账

基础知识图解

- 隋朝法律制度
  - 法制思想：重视德治、严格依法办事
  - 立法成就
    - 开皇律
    - 确立法典的篇目体例
    - 确立封建制五刑
    - "十恶"重罪
    - 贵族、官员法律特权扩大化：议、减、赎、当
  - 司法制度
    - 诉讼
    - 讯囚
    - 死刑复核

- 唐朝法律制度
  - 法律概况
    - 立法思想
      - 立法要求上，以隋为鉴，立法简洁，具有连续性且宽严适中
      - 指导思想上，德礼为政教之本，刑罚为政教之用
      - 严明法制、一断以律，不分贵贱一律惩处
    - 立法成就
      - "唐律疏议"、"唐六典"
      - 唐律疏议的内容、结构
    - 法律形式定型：律、令、格、式
  - 行政法律制度
    - 政权体制
    - 监察体制
    - 职官管理
  - 民事法律制度
    - 权利能力与行为能力
    - 所有权
    - 契约：买卖、借贷
    - 婚姻家庭与继承
      - 婚姻
        - 结婚
        - 离婚：强制、协议
      - 家庭关系：维护家长的特权
      - 继承
  - 经济法律制度
    - 赋税立法
    - 农业与手工业法规
    - 商业法规

```
                                    ┌ 刑名：笞、杖、徒、流、死
                                    │         ┌ 十恶严惩
              ┌ 刑事法律制度 ┤         │ 贵族、官僚减免
              │                     │         │ 累犯加重
              │                     │ 适用原则 ┤ 刑事责任年龄以及老、少、废、疾犯罪减免处罚
              │                     │         │ 同居相隐不为罪的原则
              │                     │         └ 自首减免原则
              │                     │         ┌ 官吏犯罪，"私罪"从重，"公罪"从轻
              │                     │         │ 共犯区分首从
              │                     └ 其他    ┤ 数罪并罚
              │                               │ 类推
  唐           │                               └ "化外人相犯"
  朝           │         ┌ 危害国家罪
  法           │         │ 侵犯人身安全罪
  律           │ 罪名   ┤ 侵犯公私财产罪
  制           │         │ 官吏职务犯罪
  度           │         │ 破坏家庭秩序罪
              │         └ 破坏公共秩序罪
              │                               ┌ 轻法改重法
              │ 唐中后期刑法的变化 ┤           └ 酷刑代五刑
              │                               ┌ 儒家思想是唐律的灵魂
              │                               │ 唐律是中华法系的代表
              └ 唐朝法制的特点与历史影响 ┤     │ 唐律对周边国家和后世立法的影响：对越南、日本、
                                              └ 朝鲜等以及对后世的影响

              ┌ 司法机关 ┤ 中央：三法司
  司           │         └ 地方
  法           │                ┌ 起诉：分为"举劾"和"告诉"、管辖
  制           │ 诉讼审判制度 ┤ 审判：三司推事与换推、证据制度、判决、上诉
  度           │                └ 执行：死刑执行三复奏法官责任制度
              │         ┌ 御史台制度
              └ 监察制度 ┤ 谏官制度
```

配套测试

单项选择题

1. 隋文帝的《开皇律》首次确立了以下哪种制度？（　　）
A. 封建制五刑　　　　　　　　B. 加役流
C. "重罪十条"　　　　　　　　D. 折杖法

2. 唐朝永徽年间，曾任广州都督的萧龄之，受赃当死。高宗诏群臣集议，萧龄之终因系齐高帝五世孙得免死，流于岭外。其免死所依据的法律制度是（　　）。
A. 例减　　　　　　　　　　　B. 官当
C. 上请　　　　　　　　　　　D. 八议

3. 出土于敦煌的唐代《放妻书》写道："既以二心不同，难归一意，快会及诸亲，各还本道……解怨释结，更莫相憎；一别两宽，各生欢喜。"该《放妻书》所反映的唐代离婚制度是（　　）。
A. "七出"　　　　　　　　　　B. "三不去"
C. "和离"　　　　　　　　　　D. "义绝"

4. 殴打或谋杀父母等尊长亲属的行为属于唐律"十恶"中的（　　）。
A. 不孝　　　　　　　　　　　B. 恶逆
C. 不睦　　　　　　　　　　　D. 不义

5. 唐朝对重大案件常由大理寺、刑部和御史台会同审判，这被称为（　　）。
A. 三司推事　　　　　　　　　B. 三司会审
C. 圆审　　　　　　　　　　　D. 三司圆审

6. 唐律的总则《名例律》"诸化外人，同类自相犯者，各依本俗法；异类相犯者，以法律论"的规定体现了（　　）原则。
A. 属人主义与属地主义的结合　　B. 属人主义
C. 属地主义　　　　　　　　　D. 保护主义

7. 唐玄宗时期，京北府某甲因盗牛事发而被官府抓获，他在受审时主动交代了私铸钱的犯罪行为。按照唐律规定，甲应承担的罪责是（　　）。
A. 窃盗罪　　　　　　　　　　B. 私铸钱罪
C. 窃盗罪与私铸钱罪并罚　　　D. 因自首而免除全部罪责

8. 唐代诉讼制度不断完善，并具有承前启后的特点。下列哪一选项体现了唐律据证定罪的原则？（　　）
A. 唐律规定，审判时"必先以情，审察辞理，反复参验，犹未能决，事须拷问者，立案同判，然后拷讯，违者杖六十"
B. 《断狱律》说："若赃状露验，理不可疑，虽不承引，即据状断之"
C. 唐律规定，对应议、请、减和老幼残疾之人"不合拷讯"
D. 《断狱律》说："断狱皆须具引律、令、格、式正文，违者笞三十"

9. 唐代沿袭隋制，皇帝下设了三大司法机构，共同行使中央司法机关各项职能，其中（　　）是中央最高审判机关。
A. 大理寺　　　　　　　　　　B. 刑部
C. 御史台　　　　　　　　　　D. 尚书省

10. 唐朝"掌持邦国刑宪典章,以肃正朝廷""纠正百官之罪恶"的国家机构是（　　）。

A. 大理寺　　　　　　　　　　B. 中书省

C. 刑部　　　　　　　　　　　D. 御史台

11. 依据唐律疏议的规定,（　　）是指盗窃御用物品,因过误而导致皇帝的人身安全受到威胁等罪行。

A. 谋反　　　　　　　　　　　B. 谋大逆

C. 恶逆　　　　　　　　　　　D. 大不敬

12. 唐中期某部尚书受所监临财物,赃值抵八匹,依律应判徒一年,但由于其为正三品职事官,享有"八议"资格,据律可减一等处罚,则对其量刑应为（　　）。

A. 笞五十　　　　　　　　　　B. 杖九十

C. 杖一百　　　　　　　　　　D. 徒半年

13. 唐朝开元年间,旅居长安的突某（来自甲国）将和某（来自乙国）殴打致死。根据唐律关于"化外人"犯罪适用法律的原则,下列哪一项是正确的？（　　）

A. 适用当时甲国的法律

B. 适用当时乙国的法律

C. 当时甲国或乙国的法律任选其一

D. 适用唐朝的法律

14. 唐天宝年间,有民某甲盗布二十匹,后畏罪自首,供述并交出赃物十五匹,匿赃五匹。根据唐律规定,某甲应承担的法律责任是（　　）。

A. 因自首不论罪　　　　　　　B. 以盗五匹论罪

C. 以盗十五匹论罪　　　　　　D. 以盗二十匹论罪

15. 下列关于唐朝借贷契约的表述,不正确的是（　　）。

A. 负债违契不偿者应承担法律责任

B. 法律对借贷利率任依私契,官不为理

C. 债权人在债务人不能清偿债务时,可扣押债务人的财产

D. 债权人可令无偿还能力的债务人及其家属以劳役抵偿债务

16. 元代人在《唐律疏议序》中说:"乘之（指唐律）则过,除之则不及,过与不及,其失均矣。"表达了对唐律的敬畏之心。下列关于唐律哪一表述是错误的？（　　）

A. 促使法律统治"一准乎礼",实现了礼律统一

B. 科条简要、宽简适中,立法技术高超,结构严谨

C. 是我国传统法典的楷模与中华法系形成的标志

D. 对古代亚洲及欧洲诸国产生了重大影响,成为其立法渊源

17. 《唐律·名例律》规定:"诸断罪而无正条,其应出罪者,则举重以明轻;其应入罪者,则举轻以明重。"关于唐代类推原则,下列哪一说法是正确的？（　　）

A. 类推是适用法律的一般形式,有明文规定也可"比附援引"

B. 被类推定罪的行为,处罚应重于同类案件

C. 被类推定罪的行为,处罚应轻于同类案件

D. 唐代类推原则反映了当时立法技术的发达

18. 唐永徽年间,甲由其祖父乙抚养成人。甲好赌欠债,多次索要乙一祖传玉坠未果,起意杀乙。某日,甲趁乙熟睡,以木棒狠击乙头部,以为致死（后被救活）,遂夺玉坠逃走。依唐律关于谋杀尊亲处斩,但无致伤如何处理的规定。对甲应当实行下列哪一处罚？（　　）

A. 按"诸断罪而无正条,其应入罪者,则举轻以明重",应处斩刑

B. 按"诸断罪而无正条，其应出罪者，则举重以明轻"，应处绞刑

C. 致伤未死，应处流三千里

D. 属于"十恶"犯罪中的"不孝"行为，应处极刑

多项选择题

1.《唐律疏议》又称《永徽律疏》，是唐高宗永徽年间完成的一部极为重要的法典。下列关于《唐律疏议》的表述哪些是正确的？（　　）

A.《唐律疏议》是由张斐、杜预完成的法律注释

B.《唐律疏议》引用儒家经典理论作为律文的理论依据

C.《唐律疏议》奠定了中华法系的传统

D.《唐律疏议》对唐代的《武德律》等法典有很深的影响

2. 永徽四年（公元653年），唐高宗李治的妹夫房遗爱谋反案发，犯"十恶"罪。依《永徽律疏》的规定，对房遗爱应作何处置？（　　）

A. 可适用"八议"免予死刑　　　　B. 应被判处死刑

C. 可以赦免　　　　　　　　　　D. 不适用自首

3. 下列有关我国唐宋时期法制的表述哪些是正确的？（　　）

A.《永徽律疏》不仅是中华法系的代表性法典，也是中国封建法制的最高成就

B.《宋刑统》不仅是一部具有统括性和综合性的法典，也是中国历史上第一部刊印颁行的法典

C. 自首、类推、化外人、区分公罪与私罪等原则都是唐律中重要的刑罚原则

D. 除审刑院外，唐代和宋代在中央司法机构的设置上基本是一致的，即在皇帝以下设置大理寺、刑部、御史台三大司法机构

4. 唐代的"六赃罪"仅限于身份犯的有（　　）。

A. 坐赃罪　　　　　　　　　　　B. 受所监临赃

C. 不枉法赃　　　　　　　　　　D. 枉法赃

5. 唐朝规定的"六杀"是依犯罪人的主观意图所作的分类，下列选项中，因主观上过失而构成犯罪的有（　　）。

A. 谋杀　　　　　　　　　　　　B. 斗杀

C. 戏杀　　　　　　　　　　　　D. 过失杀

6. 关于离婚，唐律所规定的"三不去"原则包括（　　）。

A. 恶疾　　　　　　　　　　　　B. 有所受而无所归

C. 娶时贱而后贵　　　　　　　　D. 存留养亲

E. 经持舅姑之丧

7. 唐律规定"请"的规格低于"议"，它主要适用于（　　）。

A. 皇太子妃大功以上亲

B. 应议者期以上亲及孙

C. 官爵五品以上

D. 官爵七品以上

E. 皇后缌麻以上亲

8.《唐律疏议·名例》规定："'盗缌麻以上财物，节级减凡盗之罪。'若犯诈欺及坐赃之类，在律虽无减文，盗罪尚得减科，余犯明从减法。"其中所反映出的刑法原则有（　　）。

A. 合并论罪从重　　　　　　　　B. 轻重相举

C. 依服制定罪 D. 老幼恤刑

9.《疑狱集》载:"张举,吴人也。为句章令。有妻杀夫,因放火烧舍,乃诈称火烧夫死。夫家疑之,诣官诉妻,妻拒而不承。举乃取猪二口,一杀之,一活之,乃积薪烧之,察杀者口中无灰,活者口中有灰。因验夫口中,果无灰,以此鞫之,妻乃伏罪。"下列关于这一事例的哪些表述是不成立的?(　　)

A. 作为县令的张举重视证据,一般用猪来作为证据
B. 张举之所以采取积薪烧猪的方法来查验证据,乃因当时的法律没有规定刑讯的程序
C. 该案杀人者未受刑而伏罪,因其符合当时法律规定禁止使用刑讯的一般条件
D. 张举在这个案件中对事实的判断体现了当时法律所规定的"据状断之"的要求

10. 唐朝时期,中央或地方如发生特别重大的案件,往往由三司组成中央临时最高法庭实行"三司推事",三司包括(　　)。

A. 大理寺卿 B. 尚书令
C. 刑部侍郎 D. 中书侍郎
E. 御史中丞

11.《唐律》较之前代的法律在(　　)等方面出现了重大的变化。

A. 创设加役流刑,作为减死之刑
B. 规定"十恶""八议"
C. 规定同居相为隐
D. 规定了存留养亲
E. 确立了十二篇的体例

12. 为了维护封建官僚体制,巩固专制统治的基础,唐律规定对于官僚犯罪,可用(　　)等方法抵罪。

A. 官当 B. 请
C. 减 D. 赎铜

13. 下列关于《开皇律》的表述,正确的有(　　)。

A. 完善了"官当"制度 B. 正式确立了"十恶"罪名
C. 设加役流为死刑减等后的刑罚 D. 刑罚定型为死、流、徒、杖、笞五刑

14. 关于《永徽律疏》,下列哪些选项是错误的?(　　)

A.《永徽律疏》又称《唐律疏议》,是唐太宗在位时制定的
B.《永徽律疏》首次确立了"十恶"即"重罪十条"制度
C.《永徽律疏》对主要的法律原则和制度作了精确的解释,而且尽可能以儒家经典为根据
D.《永徽律疏》是对《贞观律》的解释,在中国立法史上的地位不如《贞观律》

15.《唐律疏议·贼盗》载:"祖父母为人杀私和"疏:"若杀祖父母、父母应偿死者,虽会赦,仍移乡避仇。以其与子孙为仇,故令移配。"下列哪些理解是正确的?(　　)

A. 杀害同乡人的祖父母、父母依律应处死刑者,若遇赦虽能免罪,但须移居外乡
B. 该条文规定的移乡避仇制体现了情法并列、相互避让的精神
C. 该条文将法律与社会生活相结合统一考虑,表现出唐律较为高超的立法技术
D. 该条文侧面反映了唐律"礼律合一"的特点,为法律确立了解决亲情与法律相冲突的特殊模式

不定项选择题

1. 唐律"十恶"中危害国家安全的是（　　）。
A. 内乱　　　　　　　　　　　B. 谋反
C. 谋叛　　　　　　　　　　　D. 恶逆

2. 唐宣宗时颁布的（　　）在编纂体例上影响了五代及宋的立法。
A.《同光刑律统类》　　　　　B.《大中刑律统类》
C.《大统式》　　　　　　　　D.《大周刑统》

3. 作为当时法律的重要补充（　　）是指由皇帝发布的、国家机关必须遵守的各类单行敕令与指示的汇编。
A. 律　　　　　　　　　　　　B. 令
C. 格　　　　　　　　　　　　D. 式

4. 唐律规定"二罪以上俱发"，"以重者论"，具体内容包括（　　）。
A. 同时犯了两个以上罪，以重罪作为处刑的标准
B. 如果相等，取一罪处理
C. 如果一罪已经论决，余罪后发，又与已判罪相等，不再追究
D. 如果后发的余罪重于已判的罪，则以前后罪的刑差作为定罪的标准
E. 如果一罪已经论决，余罪后发，则合并论罪

名词解释

1.《开皇律》
2. 律
3. 三省六部
4. 御史台
5. "十恶"
6. "请"
7. "六杀"
8. 义绝
9. 死刑复奏
10. "三法司"
11. 保辜
12. 内乱
13.《唐六典》
14. 谋叛

简答题

1. 简述唐律共犯的原则。
2. 唐律规定了保辜制度。所谓保辜，是指在斗殴案件中，加害行为发生后依法确定一定期限，根据期满之日的加害结果确定加害人的罪名和刑事责任。请简述唐代保辜的制度功能。
3. 简述唐代关于离婚的规定。
4. 简述唐律"数罪并罚"的原则。

5. 简述《开皇律》的内容特点。
6. 简述化外人相犯规则。
7. 简述唐初的法制指导思想。
8. 简述唐律律令格式的性质和区别。
9. 简述唐代的法律形式及其相互关系。
10. 简述唐律五刑。

论述题

1. 试述唐律维护贵族官僚特权的内容。
2. 试论唐律关于自首原则的规定。
3. 试述唐律的历史地位及其立法的指导思想。
4. 试述从《法经》"具律"到隋唐律"名例律"的发展演变。
5. 试论唐律所确立的刑法适用原则，并简要说明其意义。
6. 试述"十罪"到"十恶"的变化及其意义。
7. 请以《唐律疏议》的主要立法原则为对象，论述唐代如何贯彻礼与刑的关系。

案例分析题

1. 唐律规定："诸共犯罪者，以造意为首，随从者减一等。若家人共犯，止坐尊长；侵损于人者，以凡人首从论，即共监临主守为犯，虽造意，仍以监主为首，凡人以常从论。"
试分析上述材料所说明的唐律中的相关原则。

2. 凡有冤滞不申欲诉理者，先由本司、本贯；或路远而跻碍者，随近官司断决之。即不伏，当请给不理状，至尚书省，左、右丞为申详之。又不伏，复给不理状，经三司陈诉。又不伏者，上表。受表者又不达，听挝登闻鼓。若惸（同"茕"，没有兄弟）、独、老、幼不能自申者，乃立肺石之下。——《唐六典·尚书刑部》

诸邀车驾及挝登闻鼓，若上表，以身事自理诉，而不实者，杖八十。（即故增减情状，有所隐避诈妄者，从上书诈不实论）——《唐律疏议·斗讼》

诸越诉及受者，各笞四十……即邀车驾及挝登闻鼓，若上表诉，而主司不即受者，加罪一等。——《唐律疏议·斗讼》

请运用中国法制史的知识和理论，分析上述材料并回答以下问题：
（1）唐代申诉的基本制度是什么？
（2）唐代对于直诉的规定是什么？
（3）评析唐代的申诉制度。

3. 太宗以英武定天下，然其天姿仁恕。初即位，有劝以威刑肃天下者，魏徵以为不可，因为上言王政本于仁恩，所以爱民厚俗之意，太宗欣然纳之，遂以宽仁治天下，而于刑法尤慎。四年，天下断死罪二十九人。六年，亲录囚徒，闵死罪者三百九十人，纵之还家，期以明年秋即刑；及期，囚皆诣朝堂，无后者，太宗嘉其诚信，悉原之。——《新唐书·刑法志》

根据上述材料，请运用中国法制史的知识，回答以下问题：
（1）唐初法制（立法）的基本指导思想是什么？
（2）录囚制度的主要内容是什么？
（3）试评述材料中所记载的唐太宗纵囚事件。

第七章

宋、辽、西夏、金法律制度

考点速记手账

基础知识图解

- 宋代法律制度
  - 法律概况
    - 立法思想
      - 强化中央集权的立法思想
      - 从"立法严、用法恕"至"立法贵乎中"
      - "政丰""理财""通商惠工"
    - 立法活动
      - 宋刑统
      - 编敕与例
      - 南宋《庆元条法事类》
  - 刑事法律制度
    - 特点
      - 普通刑法外又有特别刑法，即"重法地法"
      - 严惩贼盗
    - 刑罚制度的变化
      - 折杖法
      - 刺配
      - 凌迟、决重杖一顿处死
  - 行政法律制度
    - 特点：加强中央专制
    - 规定
      - 国家政权机构的调整
      - 官吏选任与考课制度
      - 监察制度
        - 御史台制度
        - 谏官制度
        - 加强对地方的监督
  - 民事法律制度
    - 确认保护所有权
    - 确定买卖、典卖契约的有效要件
    - 完善财产继承的制度
      - 一般遗产的继承
      - 户绝遗产的继承
      - 遗嘱继承
      - 中外客商死后财物的继承
  - 经济法律制度
    - 商业立法
    - 专卖立法
    - 对外贸易法规
    - 财政管理法规
  - 司法制度
    - 司法机关体系
      - 中央司法机关及其职权：大理寺、刑部、御史台、审刑院
      - 地方司法机关及其职权
      - 皇帝亲自介入审判活动
    - 司法体制上设提刑官
    - 诉讼程序上实行民刑有别
    - 鞫谳分司制度
    - 翻异别勘制度
    - 检查勘验制度

辽、西夏、金法律制度 { 辽立法概况和法制特点
西夏立法概况和法制特点：天盛改旧新定律令
金立法概况和法制特点：泰和律义

配套测试

☑ 单项选择题

1. 以下哪一项不是《宋刑统》与《唐律疏议》的不同点？（　　）。
A. 篇下分门类编
B. 新增"臣等起请"三十二条
C. 在律文、律疏后附有敕、令、格、式
D. 法典分为十二篇

2. 宋代时，从州至大理寺，都实行审判分离的司法制度，由专职的官员分别负责审与判。此种审判制度被称作（　　）。
A. 理雪　　　　　　　　　　B. 务限法
C. 鞫谳分司　　　　　　　　D. 翻异别勘

3. 编敕作为一种重要的立法活动和立法形式盛行于哪朝？（　　）
A. 隋朝　　　　　　　　　　B. 唐朝
C. 宋朝　　　　　　　　　　D. 明朝

4. 宋朝路一级设置的司法机关称（　　）。
A. 提点刑狱司　　　　　　　B. 提刑按察使司
C. 肃政廉访司　　　　　　　D. 行御史台

5. 南宋庆元年间，某州有一妇人被杀。死者丈夫甲被当地州衙逮捕，受尽拷掠，招认了"杀妻事实"。但在该案提交本路提刑司审核时，甲推翻原口供，断然否认杀妻指控。提刑司对本案可能做出的下列处置中，哪一种做法符合当时"翻异别勘"制度的规定？（　　）
A. 发回原审州衙由原审官员重审
B. 指定本路管辖的另一州级官司重审
C. 直接上报中央刑部审理
D. 直接上报中央御史台审理

6. 典权是具有中国特色的传统物权制度。宋代为保护典权人的权利，严禁"一物两典"，对于重复典卖者应追究的法律责任是（　　）。
A. 准盗论　　　　　　　　　B. 以坐赃论
C. 以诈欺取财论　　　　　　D. 不坐

7. 宋代在宫中设置了（　　），凌驾于三法司之上，以加强皇帝对司法权的控制。
A. 审刑院　　　　　　　　　B. 审官院
C. 大宗正府　　　　　　　　D. 宣政院

8. 下列关于宋朝折杖法的表述，正确的是（　　）。
A. 折杖法不适用于死刑案件　　B. 折杖法可适用于反逆犯罪
C. 徒刑折为臀杖　　　　　　　D. 流刑折杖后释放

9. （　　）是我国古代第一部法医学专著。
A.《洗冤集录》　　　　　　　B.《折狱龟鉴》

C.《刑案汇览》					D.《名公书判清明集》
10. 宋代以有无不动产为标准，将户口分为（　　）。
  A. 主户与客户					B. 主户与佃户
  C. 主户与农户					D. 农户与客户
11.《水浒》中宋江、林冲、武松等人，都曾受过一种酷刑，被骂称"贼配军"。这种酷刑将三种刑罚施于一人，这三种刑罚是（　　）。
  A. 鞭刑、枷号、配役				B. 笞刑、刺面、流刑
  C. 枷号、徒刑、充军				D. 杖刑、刺面、配役
12. 南宋时，霍某病故，留下遗产值银 9000 两。霍某妻子早亡，夫妻二人无子，只有一女霍甲，已嫁他乡。为了延续霍某姓氏，霍某之叔霍乙立本族霍丙为霍某继子。下列关于霍某遗产分配的哪一说法是正确的？（　　）
  A. 霍甲 9000 两
  B. 霍甲 6000 两，霍丙 3000 两
  C. 霍甲、霍乙、霍丙各 3000 两
  D. 霍甲、霍丙各 3000 两，余 3000 两收归官府
13. 下列关于宋代典卖制度的表述，不正确的是（　　）。
  A. 一物可以两典
  B. 典权可以转让
  C. 钱主对标的物享有优先购买权
  D. 业主可在回赎期内以原价赎回标的物
14. 宋承唐制，仍实行唐制"七出""三不去"的离婚制度，但在离婚或改嫁方面也有变通。下列哪一选项不属于变通规定？（　　）
  A. "夫外出三年不归"的，准妻改嫁或离婚
  B. "妻擅去者徒三年，因而改嫁者流三千里，妾各减一等"
  C. 夫亡，妻"若改适（即改嫁），其见在部曲、奴婢、田宅不得费用"
  D. 凡"夫亡而妻在"，立继从妻
15. 南宋时期辑录的一部著名的判词汇编是（　　）。
  A.《折狱龟鉴》					B.《龙筋凤髓判》
  C.《庆元条法事类》				D.《名公书判清明集》

多项选择题

1. 中国南宋规定户绝指家无男子继承。按照南宋的继承制度，若出现户绝，立继承人的方式有哪些？（　　）
  A. "立继"					B. "祖继"
  C. "嗣继"					D. "命继"
2. 宋朝的主要立法活动呈现出的复杂情形，以下属于宋朝立法活动的有（　　）。
  A. 编例						B. 编敕
  C. 制定《宋刑统》				D. 编纂《条法事类》
  E. 制定《问刑条例》
3. 宋朝的商事活动频繁，这一时期的商事立法主要有（　　）。
  A. 市易法					B. 市舶条法
  C. 禁榷法					D. 重法地法

E. 亲邻法

4. 宋朝元丰年间，开封府民人钱某与赵某因相邻土地的田界问题发生纠纷，钱某欲告官解决。按照《宋刑统》的相关规定，官府可以受理钱某词状的时间有（　　）。

A. 四月初一　　　　　　　　　B. 六月十八
C. 八月十八　　　　　　　　　D. 十月初一
E. 十二月初一

5. 下列有关我国唐宋时期法制的表述哪些是正确的？（　　）

A. 《永徽律疏》不仅是中华法系的代表性法典，也是中国封建法制的最高成就
B. 《宋刑统》不仅是一部具有统括性和综合性的法典，也是中国历史上第一部刊印颁行的法典
C. 自首、类推、化外人、区分公罪与私罪等原则都是唐律中重要的刑罚原则
D. 唐代和宋代在中央司法机构的设置上是一致的，即在皇帝以下设置大理寺、刑部、御史台三大司法机构，分掌中央司法审判职权

名词解释

1. 《洗冤集录》
2. 《宋刑统》
3. 编敕
4. 断例和事例
5. 折杖法
6. 刺配
7. 凌迟
8. 条法事类
9. 提点刑狱司
10. 翻异别勘制

简答题

1. 简述宋朝租佃契约关系的变化。
2. 简述《宋刑统》与前朝法律的不同之处。
3. 简述宋朝的重典惩治"贼盗"的刑事原则。
4. 简述宋朝监察制度的主要内容。

论述题

1. 试论宋朝刑罚制度。
2. 试论宋朝的继承法律制度。

案例分析题

1. 据《续资治通鉴长编》卷六记载：宋太祖开宝二年（公元969年）九月诏："初令民典卖土地者，输钱印契。"

试分析这句话所说明的宋代民事类法规的发展变化问题。

2.《宋会要辑稿》记载:"州狱翻异,则提刑司差官推勘;提刑司复翻异,则以次至转运、提举、安抚司。本路所差既遍,则又差邻路。"

请运用中国法制史的知识和理论,分析上述材料并回答下列问题:

(1) 材料反映的是宋代司法中的何种制度?

(2) 材料如何体现这一制度的运行?

(3) 如何评价该制度在宋代司法活动中的意义?

第八章

元朝法律制度

考点速记手账

基础知识图解

元朝法律制度
- 立法思想
  - "祖述变通""附会汉法"
  - "因俗而治"蒙汉异制
- 立法概况
  - 至元新格
  - 风宪宏纲
  - 大元通制、元典章
  - 至正条格
- 行政法律制度
  - 国家政权体系
    - 中央
    - 地方
  - 行政法律规范
  - 行政监察制度
    - 御史台、行政史台及肃政廉访司体制的确立
    - 监察内容：行政、司法等具体事项
- 民事法律制度
  - 所有权
  - 契约之债
  - 婚姻继承：实行依各自俗制
- 刑事法律制度
  - 体现民族特色的刑事立法
    - 推行严苛残酷的刑罚体系：笞杖刑以"七"为尾数，徒刑附加杖刑
    - 凌迟成为惩治严重危及统治秩序犯罪的常刑
    - 五刑之外设黥、劓等肉刑
    - 确立民族压迫的刑罚原则
    - 维护宗教僧侣的法律特权
  - 刑罚原则：民族压迫歧视的政策
  - 维护宗教僧侣的法律特权
- 司法制度
  - 司法机构
    - 中央：大宗正府，刑部、宣政院
    - 地方：行省、路、府、州、县等
  - 诉讼制度上的变化：诉讼代理制度的出现

配套测试

单项选择题

1. 元代的（　　）自成系统，是全国最高的宗教管理机关与宗教审判机关。
   A. 理藩院　　　　　　　　　　　B. 大理寺
   C. 宣政院　　　　　　　　　　　D. 大宗正府

2. 下列关于《元典章》的表述，不正确的是（　　）。
A. 《元典章》附载了五服图
B. 《元典章》为元朝第一部成文法典
C. 《元典章》开创了以六部分篇的编纂体例
D. 《元典章》是元朝地方官府自行汇编的法规大全

3. 元朝仁宗时期"以格例、条画有关于风纪者，类集成书"，称为《风宪宏纲》。《风宪宏纲》的性质是（　　）。
A. 民事立法　　　　　　　　　　B. 科举立法
C. 考课立法　　　　　　　　　　D. 监察立法

4. 成吉思汗时期公布的第一部蒙古部族的习惯法汇编是（　　）。
A. 《大札撒》　　　　　　　　　B. 《条画五章》
C. 《至元新格》　　　　　　　　D. 《至正条格》

多项选择题

1. 元代中央司法机构具有自己的特点，这些机构主要有（　　）。
A. 大宗正府　　　　　　　　　　B. 大理寺
C. 刑部　　　　　　　　　　　　D. 宣政院
E. 理藩院

2. 元代的主要立法成果是蒙古旧制与汉法的混合物，主要有（　　）。
A. 《嘉祐编敕》　　　　　　　　B. 《大元通制》
C. 《至正条格》　　　　　　　　D. 《庆元条法事类》
E. 《风宪宏纲》

名词解释

札撒

简答题

1. 简述元代五刑制度的发展。
2. 简述元代的立法指导思想。
3. 简述元代的婚姻法律。

论述题

论述元代法律制度中强化民族之间差异的体现形式和内容。

案例分析题

诸老废笃疾，事须争诉，止令同居亲属深知本末者代之。若谋反大逆，子孙不孝，为同居所侵侮，必须自陈者听。诸致仕得代官，不得已与齐民讼，许其亲属家人代诉，所司毋侵挠之。诸妇人辄代男子告辨争讼者，禁之。若果寡居，及虽有子男，为他故所妨，事须争讼者，不在禁例。

——《元史·刑法志》

请运用中国法制史的知识和理论，分析上述文字材料并回答下列问题：

（1）元朝诉讼代理适用的一般情形有哪些？

（2）元朝禁止哪类人代理诉讼？有何例外？

（3）如何评价元朝诉讼代理制度？

第九章

明朝法律制度

考点速记手账

基础知识图解

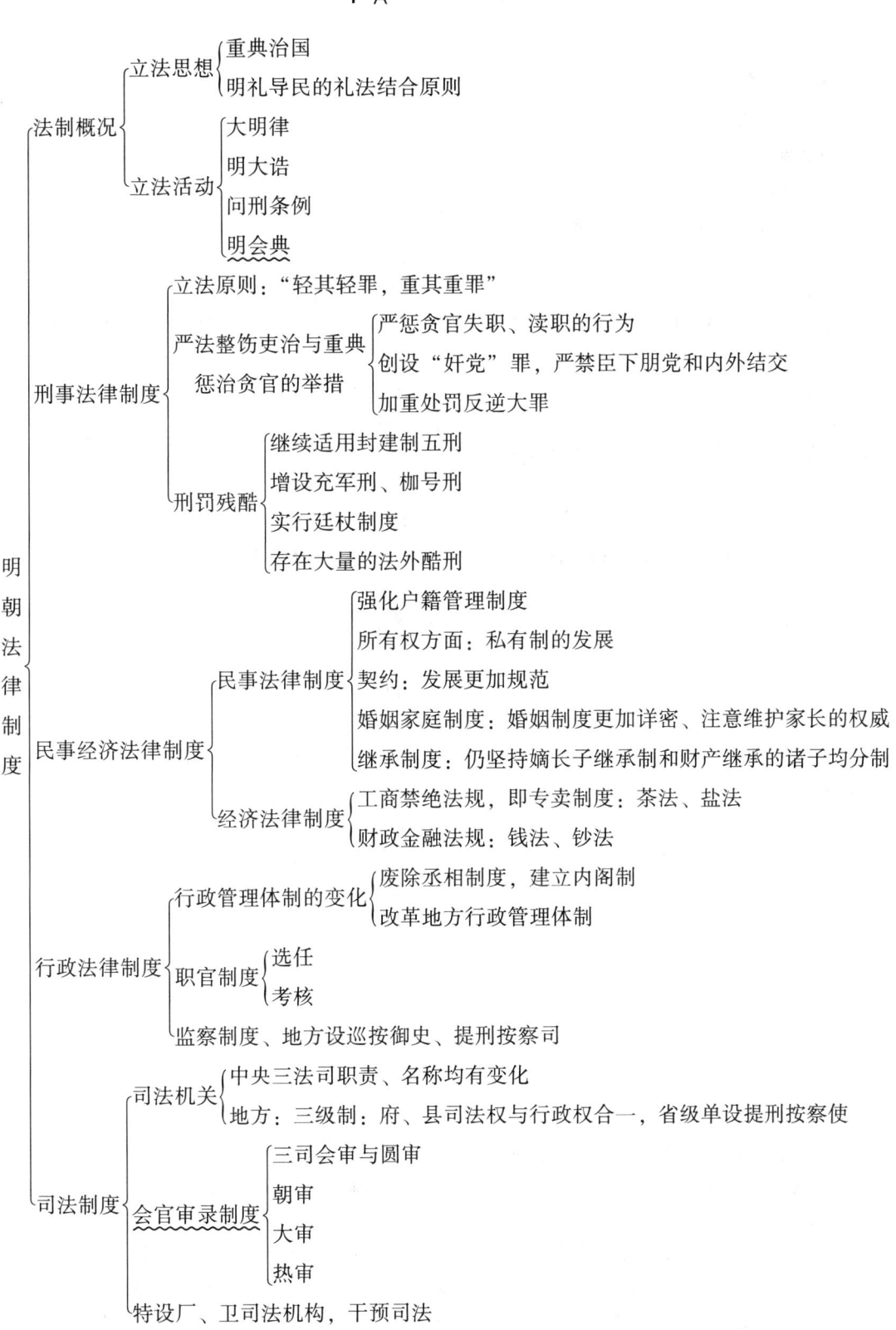

- 明朝法律制度
  - 法制概况
    - 立法思想
      - 重典治国
      - 明礼导民的礼法结合原则
    - 立法活动
      - 大明律
      - 明大诰
      - 问刑条例
      - 明会典
  - 刑事法律制度
    - 立法原则："轻其轻罪，重其重罪"
    - 严法整饬吏治与重典惩治贪官的举措
      - 严惩贪官失职、渎职的行为
      - 创设"奸党"罪，严禁臣下朋党和内外结交
      - 加重处罚反逆大罪
    - 刑罚残酷
      - 继续适用封建制五刑
      - 增设充军刑、枷号刑
      - 实行廷杖制度
      - 存在大量的法外酷刑
  - 民事经济法律制度
    - 民事法律制度
      - 强化户籍管理制度
      - 所有权方面：私有制的发展
      - 契约：发展更加规范
      - 婚姻家庭制度：婚姻制度更加详密、注意维护家长的权威
      - 继承制度：仍坚持嫡长子继承制和财产继承的诸子均分制
    - 经济法律制度
      - 工商禁绝法规，即专卖制度：茶法、盐法
      - 财政金融法规：钱法、钞法
  - 行政法律制度
    - 行政管理体制的变化
      - 废除丞相制度，建立内阁制
      - 改革地方行政管理体制
    - 职官制度
      - 选任
      - 考核
    - 监察制度、地方设巡按御史、提刑按察司
  - 司法制度
    - 司法机关
      - 中央三法司职责、名称均有变化
      - 地方：三级制：府、县司法权与行政权合一，省级单设提刑按察使
    - 会官审录制度
      - 三司会审与圆审
      - 朝审
      - 大审
      - 热审
    - 特设厂、卫司法机构，干预司法

配套测试

单项选择题

1. 明朝立法的指导思想是（　　）。
A. 明刑弼教　　　　　　　　B. 尚德缓刑
C. 德本刑用　　　　　　　　D. 刑无等级

2. 明代三法司中最高复审机关是（　　）。
A. 刑部　　　　　　　　　　B. 大理寺
C. 都察院　　　　　　　　　D. 御史台

3. 每年霜降后，明朝三法司会同五府九卿衙门，并锦衣卫各堂上官，及科道官，逐一审录的制度称（　　）。
A. 朝审　　　　　　　　　　B. 秋审
C. 九卿会审　　　　　　　　D. 热审

4. 明太祖时期创立的（　　）是清朝秋审制度的前身。
A. 圆审　　　　　　　　　　B. 会审制度
C. 热审　　　　　　　　　　D. 寒审

5. 明太祖朱元璋为巩固帝业打击官僚朋党为奸而增设的一项新罪名是（　　）。
A. 左官罪　　　　　　　　　B. 奸党罪
C. 腹诽罪　　　　　　　　　D. 贼盗罪

6. 明代赋税的文册依据有（　　）。
A. 黄册　　　　　　　　　　B. 青册
C. 红册　　　　　　　　　　D. 黑册

7. 明代很重视基层单位的司法建设，在最基层的乡一级设置了（　　）以调处民事纠纷。
A. 什伍制度　　　　　　　　B. 乡长审理制度
C. 州县派驻机构　　　　　　D. 申明亭制度

8. 明代在《唐六典》基础上完善的具有行政法大全性质的立法是（　　）。
A. 明大诰　　　　　　　　　B. 问刑条例
C. 明实录　　　　　　　　　D. 大明会典

9. 明太祖朱元璋亲自主持制定的刑事特别法是（　　）。
A. 大明律　　　　　　　　　B. 明大诰
C. 问刑条例　　　　　　　　D. 盗贼重法

10. 以下哪句话是清代人对明律的评价（　　）。
A. 轻其轻罪，重其重罪　　　B. 以礼入律
C. 密如凝脂　　　　　　　　D. 参以国制

11. 关于中国古代刑罚制度的说法，下列哪一选项是错误的？（　　）
A. "八议"制度自曹魏《魏律》正式入律，其思想渊源为《周礼·秋官》的"八辟"丽邦法之说
B. 秋冬行刑制度自唐代始，其理论渊源为《礼记·月令》关于秋冬季节戮有罪，严断刑之述
C. 大诰是明初的一种特别刑事法规，其法律形式源自《尚书·大诰》周公对臣民之训诫
D. 明刑弼教作为明清推行重典治国政策的思想基础，其理论依据源自《尚书·大禹谟》明于

五刑，以弼五教之语

12. 关于中国古代法律历史地位的表述，下列哪一选项是正确的？（　　）
A. 《法经》是中国历史上第一部比较系统的成文法典
B. 《北魏律》在中国古代法律史上起着承前启后的作用
C. 《宋刑统》是中国历史上第一部刊印颁行的仅含刑事内容的法典
D. 《大明会典》以《元典章》为渊源，为《大清会典》所承继

13. 关于明代法律制度，下列哪一选项是错误的？（　　）
A. 明朱元璋认为，"夫法度者，朝廷所以治天下也"
B. 明律确立"重其所重，轻其所轻"刑罚原则
C. 《大明会典》仿《元六典》，以六部官制为纲
D. 明会审制度为九卿会审、朝审、大审

多项选择题

1. 明代的特务机关是（　　）。
A. 锦衣卫北镇抚司　　　　　　B. 东厂
C. 西厂　　　　　　　　　　　D. 都察院

2. 明代在唐宋法律基础上，形成了一套比较齐备的会审制度，主要有（　　）。
A. 热审　　　　　　　　　　　B. 朝审
C. 大审　　　　　　　　　　　D. 杂治

3. 明朝刑罚残酷，除了继续适用封建五刑以外，明朝的司法实践中增设了一些刑种，主要有（　　）。
A. 充军　　　　　　　　　　　B. 枷号
C. 廷杖　　　　　　　　　　　D. 刺配

4. 参加朝审的官员有（　　）。
A. 大理寺卿　　　　　　　　　B. 左都御史
C. 通政使　　　　　　　　　　D. 六部尚书

5. 明代很重视严法惩贪，法律规定的官吏贪污受贿罪名有（　　）。
A. 监守盗　　　　　　　　　　B. 见知故纵
C. 枉法　　　　　　　　　　　D. 受所监临
E. 不枉法

6. 明初科举命题作答的依据有（　　）。
A. 《四书大全》　　　　　　　B. 《五经大全》
C. 《性理大全》　　　　　　　D. 《大学衍义补》

7. 明代有监察权的部门是（　　）。
A. 都察院　　　　　　　　　　B. 六科给事中
C. 布政使司　　　　　　　　　D. 都指挥使司
E. 礼部

8. 下列中国古代法律制度，哪些是直接受儒家思想的影响而形成的？（　　）
A. 汉代的《春秋决狱》
B. 明代的"九卿会审"
C. 《魏律》规定的"八议"制度
D. 《晋律》和《北齐律》确立的"准五服制罪"制度

9. 关于《明大诰》，下列哪些选项是正确的？（　　）
A. 《明大诰》是朱元璋在位时，为防止"法外遗奸"而制定的
B. 《明大诰》强调"重典治吏"，其中大多数条文是专为惩治贪官污吏而定的
C. 《明大诰》对《大明律》中原有的罪名，一般都加重了处罚
D. 《明大诰》在当时家喻户晓，是中国法制史上空前普及的法规

10. 明太祖朱元璋在洪武十八年（公元 1385 年）至洪武二十年（公元 1387 年），手订四编《大诰》。关于明《大诰》，下列哪些说法是正确的？（　　）
A. 《大明律》中原有的罪名，《大诰》一般都加重了刑罚
B. 《大诰》的内容也列入科举考试中
C. "重典治吏"是《大诰》的特点之一
D. 朱元璋死后《大诰》被明文废除

名词解释

1. 都察院
2. 朝审
3. 刑部
4. 提刑按察司
5. 《大明会典》
6. 《大明律》
7. 《问刑条例》
8. "明刑弼教"的立法思想
9. 六赃罪
10. 《大明令》
11. 充军
12. 枷号
13. 廷杖
14. 一条鞭法
15. 热审
16. 通政使司

简答题

1. 简述明代的法律形式。
2. 简述明初立法指导思想的主要内容及其产生的历史背景。
3. 简述明代的基层纠纷解决制度。
4. 简述明代的市场管理制度。
5. 简述《明大诰》的结构、特征。
6. 简述明代中央司法机构的组织与职能。

论述题

1. 试论明代通过法律手段对传统商业进行法律调控的方式。
2. 试论明代的会审制度。

案例分析题

1.《大明律·吏律·职制》规定"凡奸邪进谗言左使杀人者，斩""若犯罪律该处死，其大臣小官，巧言谏免，暗邀人心者，亦斩""若在朝官员，交结朋党，紊乱朝政者，皆斩，妻子为奴，财产入官""若刑部及大小各衙门官吏，不执法律，听从上司官，主使出入人罪者，罪亦如之。若有不避权势，明具实迹，亲赴御前，执法陈诉者，罪坐奸臣，言告之人与免本罪，仍将犯人财产均给充赏，有官者升二等，无官者量与一官，或赏银二千两"。

试分析上述材料所反映的法律问题。

2."民间户婚、田土、斗殴相争，一切小事，不许辄便告官，务要经由本管里甲、老人理断。若不经由者，不问虚实，先将告人杖断六十，仍发回里甲、老人理断。"——［明］朱元璋：《教民榜文》

根据上述材料，请运用中国法制史的知识，回答以下问题：

（1）明初处理民间词讼的诉前程序是什么？

（2）若违反这些程序，当如何处理？

（3）明初设定此种程序的意义何在？

第十章

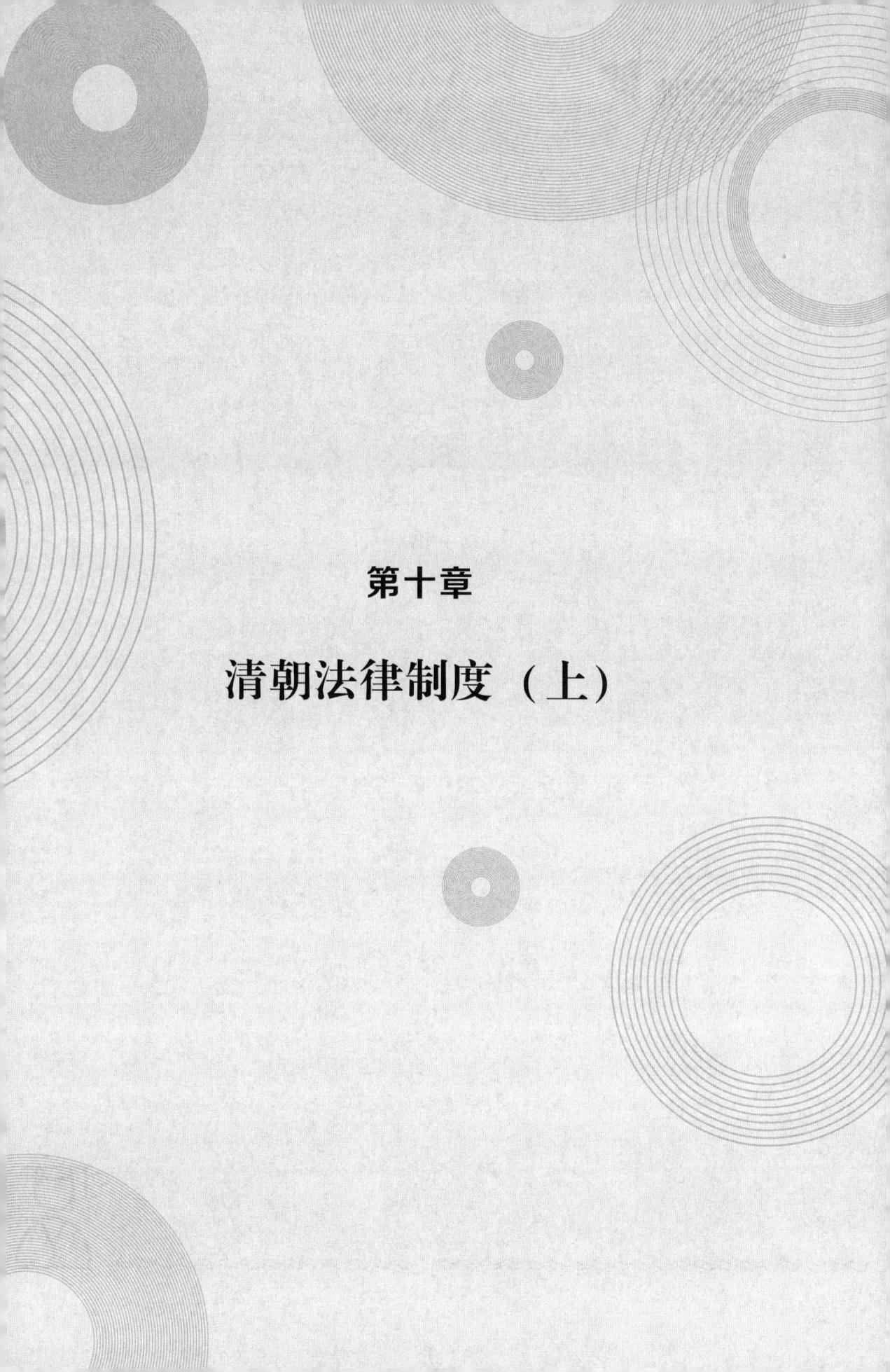

清朝法律制度（上）

考点速记手账

基础知识图解

清朝法律制度（上）
- 法律概况
  - 立法思想
    - 入关前："参汉酌金""渐就中国之制"
    - 入关后："详译明律、参以国制"
  - 立法活动
    - 大清律例
    - 大清会典
    - 各部院则例
    - 民族立法
- 法制的基本特点及历史地位
  - 特点：法律的完备性
  - 表现：立法——多种形式的立法体制，在全国范围内建立了空前统一的法制秩序
  - 法律内容——从政治到军事，从经济到文化等无一不包罗其中
  - 司法制度——从中央到地方形成了完备的司法机关体系
  - 地位：承上启下，开创近代法制历史的先河
- 刑事法律制度
  - 罪名的发展
    - 加大"十恶"重罪中反逆、叛、大不敬等犯罪的惩罚力度
    - 惩治异端思想与妖言罪（文字狱）
    - "奸党"罪
    - 兴贩与吸食鸦片罪
  - 刑名沿袭明制
- 民事法律制度
  - 主体扩大化
  - 所有权
    - 广泛确认土地私有权
    - 加大对土地所有权的保护
  - 债
    - 契约形式发展：典买卖契约、买卖契约、借贷契约、租佃契约
    - 侵权及损害赔偿之债发展
  - 婚姻家庭
    - 婚姻
    - 家庭
    - 继承
- 经济法律制度
  - 赋役立法：制定《赋役全书》摊丁入亩
  - 农业立法：垦田法
  - 工商立法
  - 限制对外贸易
  - 漕运立法

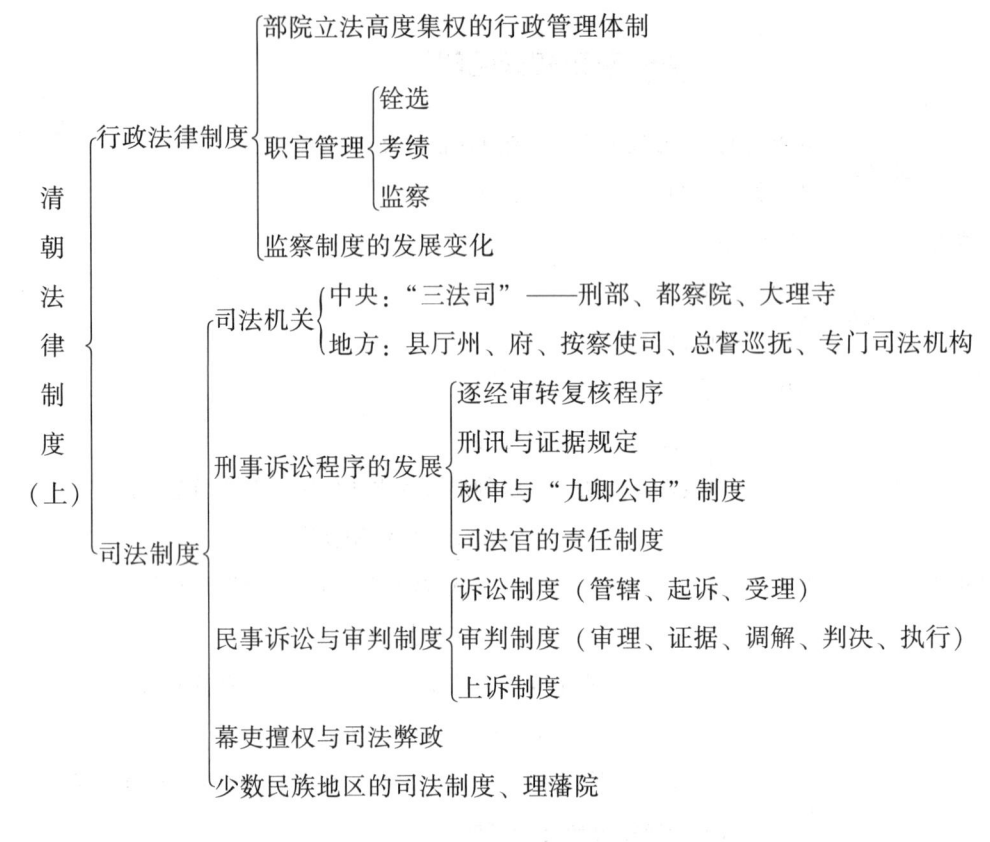

```
                    ┌ 部院立法高度集权的行政管理体制
                    │           ┌ 铨选
      ┌ 行政法律制度 ┤ 职官管理 ┤ 考绩
      │             │           └ 监察
      │             └ 监察制度的发展变化
清    │
朝    │             ┌ 司法机关 ┌ 中央:"三法司"——刑部、都察院、大理寺
法    │             │         └ 地方:县厅州、府、按察使司、总督巡抚、专门司法机构
律    │             │           ┌ 逐经审转复核程序
制    │             │ 刑事诉讼 │ 刑讯与证据规定
度    │             │ 程序的发展│ 秋审与"九卿公审"制度
(上) ┤             │           └ 司法官的责任制度
      │  司法制度   │           ┌ 诉讼制度(管辖、起诉、受理)
      │             │ 民事诉讼 │ 审判制度(审理、证据、调解、判决、执行)
      │             │ 与审判制度└ 上诉制度
      │             │
      │             │ 幕吏擅权与司法弊政
      └             └ 少数民族地区的司法制度、理藩院
```

配套测试

单项选择题

1. 清军入关后颁布的刑法典名称是（　　）。
A.《大清律例》　　　　　　　　B.《大清新刑律》
C.《大清会典》　　　　　　　　D.《大清律集解附例》

2. 在清朝，负责少数民族事务的机关是（　　）。
A. 宣政院　　　　　　　　　　　B. 理藩院
C. 审刑院　　　　　　　　　　　D. 大宗正府

3. 清初统治者在立法上确立了（　　）的原则。
A. 详译明律，参以国制　　　　　B. 重其所重，轻其所轻
C. 法贵简当　　　　　　　　　　D. 一准乎礼

4. 康熙时期，为解决新旧条例轻重不一的问题，皇帝命刑部将所有新旧条例汇集考订后出台的单行法规是（　　）。
A. 刑部现行则例　　　　　　　　B. 问刑条例
C. 康熙会典　　　　　　　　　　D. 理藩院则例

5. 乾隆年间，四川重庆府某甲"因戏而误杀旁人"，被判处绞监候。依据清代的会审制度，对某甲戏杀案的处理，适用下列哪一项程序？（　　）
A. 上报中央列入朝审复核定案
B. 上报中央列入秋审复核定案

C. 移送京师列入热审复核定案
D. 上报中央列入"三司会审"复核定案

6. 太平天国时，结婚一般由乡官发放的结婚证书叫作（　　）。
A. 合挥　　　　　　　　　　　B. 婚书
C. 婚约　　　　　　　　　　　D. 婚契

7. 清代涉及旗人的案件由特定机构审理，其中兼理地方旗人民刑案件的机构是（　　）。
A. 宣政司　　　　　　　　　　B. 宣政府
C. 理事厅　　　　　　　　　　D. 县衙

8. 依《大清律例》，清代死刑的执行方式有（　　）。
A. 发遣　　　　　　　　　　　B. 立决与监候
C. 斩与绞　　　　　　　　　　D. 迁徙与安置

9. 清代负责主持律例修订工作的是（　　）。
A. 都察院　　　　　　　　　　B. 御史台
C. 刑部　　　　　　　　　　　D. 大理寺

10. "名例律"作为中国古代律典的"总则"篇，经历了发展、变化的过程。下列哪一表述是不正确的？（　　）
A.《法经》六篇中有"具法"篇，置于末尾，为关于定罪量刑中从轻从重法律原则的规定
B.《晋律》共二十篇，在刑名律后增加了法例律，丰富了刑法总则的内容
C.《北齐律》共十二篇，将刑名与法例律合并为名例律一篇，充实了刑法总则，并对其进行逐条逐句的疏议
D.《大清律例》的结构、体例、篇目与《大明律》基本相同，名例律置首，后为吏律、户律、礼律、兵律、刑律、工律

11. 根据清朝的会审制度，案件经过秋审或朝审程序之后，分四种情况予以处理：情实、缓决、可矜、留养承嗣。对此，下列哪一说法是正确的？（　　）
A. 情实指案情属实、罪名恰当者，奏请执行绞监候或斩监候
B. 缓决指案情虽属实，但危害性不能确定者，可继续调查，待危害性确定后进行判决
C. 可矜指案情属实，但有可矜或可疑之处，免予死刑，一般减为徒、流刑罚
D. 留养承嗣指案情属实、罪名恰当，但被害人有亲老丁单情形，奏请皇帝裁决

12. 清时屡兴文字狱，但律例中并无关于惩治思想犯罪的规定。审理此类案件，一般比附的罪名是（　　）。
A. 妖书妖言　　　　　　　　　B. 谋大逆
C. 大不敬　　　　　　　　　　D. 谋叛

13. 清代被称为"天下刑名之总汇"的中央司法机关是（　　）。
A. 军机处　　　　　　　　　　B. 大理寺
C. 都察院　　　　　　　　　　D. 刑部

多项选择题

1. 以下对于会审的说法正确的是（　　）。
A. "九卿会审"，是由六部尚书及通政使司的通政使、都察院左都御史、大理寺卿九人会审皇帝交付的案件或者已经判决但囚犯仍翻供不服之案
B. 清代会审制度形成了秋审、朝审、热审等比较规范的会审体制
C. 清代秋审是最重要的死刑复审制度

D. 在清朝，案件经过秋审或者朝审复审程序后，分四种情况处理：情实、缓决、可矜、留养承嗣

2. 下列哪些法典属于七篇体例？（　　）

A. 《贞观律》　　　　　　　　　　　　B. 洪武六年《大明律》

C. 洪武二十二年《大明律》　　　　　　D. 《大清律例》

3. 清朝朝审复核的对象是下列哪些案件？（　　）

A. 一般地方上报的绞监候案件

B. 一般地方上报的斩监候案件

C. 京师及京师附近地方上报的绞监候案件

D. 京师及京师附近地方上报的斩监候案件

4. 《大清会典》包含（　　）。

A. 《康熙会典》　　　　　　　　　　　B. 《雍正会典》

C. 《乾隆会典》　　　　　　　　　　　D. 《嘉庆会典》

5. 清初顽固坚持压抑限制工商业，遏制资本主义经济因素发展的政策颁布的（　　），完全阻绝了海外贸易。

A. 禁海令　　　　　　　　　　　　　　B. 迁海令

C. 五口通商章程　　　　　　　　　　　D. 禁榷法

6. 交由提刑按察使司复核审判的下级审判机构有（　　）。

A. 府　　　　　　　　　　　　　　　　B. 总督巡抚

C. 直隶厅　　　　　　　　　　　　　　D. 直隶州

E. 县

7. 以下属于《大清律例》化外人有犯的处理方式的是（　　）。

A. 化外人相犯者并依律拟断

B. 化外人相犯者各依本俗法拟断

C. 化外人与化内人相犯者并依律拟断

D. 化外人与化内人相犯者各依本俗法拟断

8. 中国传统戏剧多有剧目涉及中国古代法律观念和法律制度。对此，下列哪些说法是成立的？（　　）

A. 越剧《梁山伯与祝英台》中，祝父强许祝英台婚配马文才的情节，反映了东晋仍然沿袭西周确立的父母之命婚姻缔结原则

B. 粤剧《斩娥》中，窦娥被无赖诬陷又被官府错判斩刑的案件，反映了元代对诬告等行为严加处罚的具体法律规范

C. 昆曲《十五贯》中，况钟对娄阿鼠偷盗十五贯杀死店主尤葫芦案调查取证的故事，反映了清初明律令重调查、唯证据的审案观念

D. 京剧《徐九经升官记》中，徐九经"当官不为民做主，不如回家卖红薯"的唱词，反映了清末为官清明、为民父母的法律思想和观念

9. 中国古代社会的死刑复奏制度是指奏请皇帝批准执行死刑判决的制度。关于这一制度，下列哪些选项是正确的？（　　）

A. 北魏太武帝时正式确立了死刑复奏制度

B. 唐朝的死刑案件在地方实行"三复奏"，在京师实行"五复奏"

C. 明清时期的朝审制度取代了死刑复奏制度

D. 死刑复奏制度的建立和完善既加强了皇帝对司法、审判的控制，又体现了皇帝对民众的

体恤

10. 关于明清时期的司法制度，下列哪些选项是正确的？（   ）
A. 明清时期各中央司法机构的职能与隋唐时期相反，刑部负责审判，大理寺负责复核
B. 明朝的廷杖之制是根据皇帝意志而形成的法外用刑惯例
C. 明清会审制度是慎刑思想的反映，但是导致多方干预司法，使实际执法与法律制度日益脱节
D. "申明亭"为明代法定的基层调解机构，对维护社会秩序有一定的积极作用

11. 在清朝司法实践中，幕友发挥着重要作用。下列关于幕友的表述，正确的有（   ）。
A. 幕友须精通复杂的律例
B. 幕友由各级官府衙任命
C. "刑名幕友"受到高度重视
D. 幕友是各级地方官及中央司法部门长官的政法顾问

名词解释

1. 《钦定台规》
2. 《大清会典》
3. 五城察院
4. 秋审
5. 光棍例
6. 摊丁入亩
7. 军机处
8. 秋审处
9. 发遣
10. 监候
11. 留养承嗣
12. 《天朝田亩制度》
13. 《资政新篇》

简答题

1. 简述清朝文字狱的特点。
2. 简述清朝法律在经济立法方面的特点。
3. 简述清代市场管理法制特点。
4. 简述清代中央"三法司"的职权。
5. 简述清朝地方司法体制。
6. 简述太平天国法制的革命性与局限性。
7. 简述清代婚姻法制特点。

论述题

1. 试论清律与唐明律在刑罚适用原则上有何发展变化？
2. 试述太平天国经济与婚姻立法的主要内容和特色。
3. 论清朝时期的立法指导思想。

案例分析题

顺治康熙年间,浙江人庄廷钺编刻《明书》,称努尔哈赤为"建州都督",仍以南明政权为正朔,事被告发,时庄廷钺已死,朝廷下令开棺戮尸,并将其兄弟、子侄以及该书刻印者、读者、保存者甚至"疏忽不觉"的地方官共七十余人全部处死。从此以后,"文字狱"迭兴不断,康、雍、乾三朝多达一百多起,株连士人数万,杀人甚多。

试根据上述材料分析这一现象。

第十一章

清朝法律制度（下）

考点速记手账

基础知识图解

- 清朝法律制度（下）
  - 概况
  - 背景
    - 社会国情变化与传统法制的危机
    - 西学东渐促进法观念的更新
  - 修律
    - 方针："参考古今，博稽中外"
    - 目的及实质
      - 以资产阶级法律形式掩盖君主专制统治
      - 配合预备立宪缓和矛盾抵制革命
      - 实质：具有封建性和买办性特点，半殖民地半封建性质
    - 主要内容
      - 宪法类
        - 预备立宪及《钦定宪法大纲》
          - 内容
          - 意义
        - 《资政院院章》和《谘议局章程》
        - 宪法重大信条十九条
      - 刑事法律类
        - 《大清现行刑律》
        - 《大清新刑律》
          - 性质及意义：第一部资本主义性质的刑法典
          - 内容的改革
            - 采取资本主义刑罚体系和体例
            - 删除封建特权制度
        - "礼法之争"
      - 经济法律
        - 《改订大清商律草案》
        - 奖励商人投资法
        - 《商人通例》与《公司律》
        - 《破产律》
        - 《大清矿务章程》
        - 《铁路简明章程》
        - 《票据法》
        - 《海船法草案》
      - 民事法律类：大清民律草案
        - 背景、制定过程
        - 指导思想
        - 内容
        - 特点

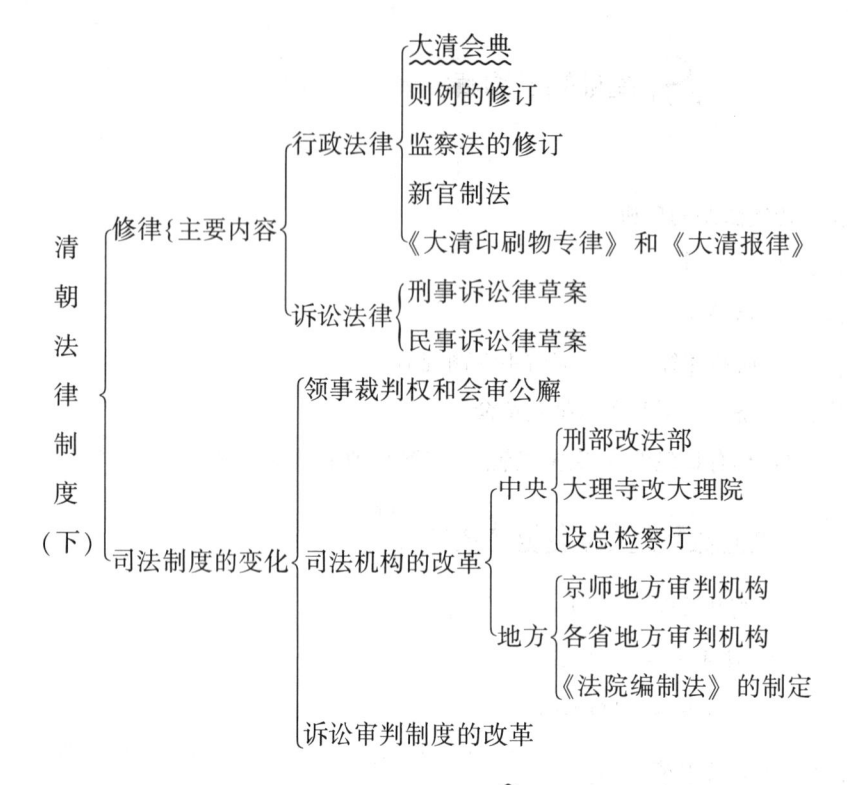

```
                         ┌ 大清会典
                         │ 则例的修订
              ┌ 行政法律 ┤ 监察法的修订
              │          │ 新官制法
     ┌ 修律{主要内容 ┤          └《大清印刷物专律》和《大清报律》
     │        │          ┌ 刑事诉讼律草案
清   │        └ 诉讼法律 ┤
朝   │                   └ 民事诉讼律草案
法   │        ┌ 领事裁判权和会审公廨
律   │        │                    ┌ 刑部改法部
制   │        │          ┌ 中央 ┤ 大理寺改大理院
度   │        │          │        └ 设总检察厅
(下)┤        │ 司法机构的改革 ┤
     │        │          │        ┌ 京师地方审判机构
     │        │          └ 地方 ┤ 各省地方审判机构
     └ 司法制度的变化 ┤                  └《法院编制法》的制定
              └ 诉讼审判制度的改革
```

配套测试

☑ 单项选择题

1. 中国清末修订法律馆于 1911 年 8 月完成《大清民律草案》。下列有关该草案的表述哪一项是错误的？（　　）

A. 《大清民律草案》的结构顺序是：总则、债、物权、亲属、继承

B. 日本法学家参与了《大清民律草案》的起草工作

C. 财产法部分，以继受德、日、瑞士民法为多

D. 《大清民律草案》经正式公布，但未及实施，清王朝即告崩溃

2. 关于清末"预备立宪"，下列哪一选项可以成立？（　　）

A. 1908 年颁布的《钦定宪法大纲》作为中国近代史上第一部宪法性文件，确立了资产阶级民主共和国的国家制度

B. 《十九信条》取消了皇权至上，大大缩小了皇帝的权力，扩大了国会与内阁总理的权力

C. 清末成立的资政院是中国近代第一届国家议会

D. 清末各省成立了谘议局作为地方督抚的咨询机关，权限包括讨论本省兴革事宜、预决算等

3. 下列哪个机构属于资产阶级性质的议会组织？（　　）

A. 清末谘议局

B. 清末资政院

C. 《中华民国临时约法》上的参议院

D. 《中华民国临时约法》上的法院

4. 1903 年，清廷发布上谕："著派载振、袁世凯、伍廷芳，先订商律，作为则例。"下列哪一说法是正确的？（　　）

A. 《钦定大清商律》为清朝第一部商律，由《商人通例》《公司律》和《破产律》构成
B. 清廷制定商律，表明随着中国近代工商业发展，其传统工商政策从"重农抑商"转为"重商抑农"
C. 商事立法分为两个阶段，先由新设立商部负责，后主要商事法典改由修订法律馆主持起草
D. 《大清律例》《大清新刑律》《大清民律草案》与《大清商律草案》同属清末修律成果

5. 1902年，清政府任命了两位修订法律大臣，一位是沈家本，另一位是（　　）。
A. 张之洞　　　　　　　　　　B. 伍廷芳
C. 劳乃宣　　　　　　　　　　D. 刘坤一

6. 清末，诉讼制度改革，在诉讼程序上实行什么制度？（　　）
A. 四级终审制　　　　　　　　B. 三级终审制
C. 四级三审制　　　　　　　　D. 四级二审制

7. 领事裁判权最早是在下列哪一条约中规定的？（　　）
A. 《中英五口通商章程及其税则》
B. 《中美望厦条约》
C. 《中英南京条约》
D. 1864年清政府与英、美、法三国驻上海领事协议

8. 下列有关清末变法修律和司法体制变革的表述哪一项是错误的？（　　）
A. 清末修律在法典编纂形式上改变了传统的"诸法合体"形式，明确了实体法之间、实体法与程序法之间的差别
B. 清末修律使延续了几千年的中华法系开始解体，同时也为中国法律的近代化奠定了初步基础
C. 在司法机关改革方面，清末将大理寺改为大理院，作为全国最高审判机关；改刑部为法部，掌管全国检察和司法行政事务，实行审检分立
D. 清末初步规定了法官及检察官考试任用制度

9. 鸦片战争后，清朝统治者迫于内外压力，对原有的法律制度进行了不同程度的修改与变革。关于清末法律制度的变革，下列哪一选项是正确的？（　　）
A. 《大清现行刑律》废除了一些残酷的刑罚手段，如凌迟
B. 《大清新刑律》打破了旧律维护专制制度和封建伦理的传统
C. 改刑部为法部，职权未变
D. 改四级四审制为四级两审制

10. 以下哪一条约要求清政府设立总理衙门？（　　）
A. 《北京条约》　　　　　　　B. 《天津条约》
C. 《南京条约》　　　　　　　D. 《望厦条约》

11. 清末第一部商律是（　　）。
A. 《钦定大清商律》　　　　　B. 《商人通例》
C. 《破产法》　　　　　　　　D. 《大清民律草案》

12. 1910年颁布的《大清现行刑律》肯定了清末以来刑罚改革的成果，确定了新的五刑制，即（　　）。
A. 罚金、笞刑、徒刑、流刑、死刑
B. 罚金、笞刑、杖刑、徒刑、死刑
C. 罚金、徒刑、流刑、遣刑、死刑
D. 笞刑、杖刑、流刑、遣刑、死刑

13. 1907 年，清政府在天津等地经验基础上制定法律，将案件区分为刑事案件、民事案件，并规定相应审理程序。该法律的名字是（　　）。

A. 各级审判厅试办章程　　　　　　　B. 大理院审判编制法

C. 民事诉讼律　　　　　　　　　　　D. 刑事诉讼律

14. 关于清政府在上海公共租界设立的会审公廨，以下哪一说法是错误的（　　）。

A. 会审公廨的设立依据是《上海洋泾浜设官会审章程》

B. 会审公廨是列强在华领事裁判权扩大后的产物

C. 若案情只系中国人，并无洋人在内，亦须各国领事官参与审理

D. 中外堂官如有意见不合，未能结案之处，应请上海道及案内外国人之本国总领事官或领事官复核

15. 下列哪一个法律文件是中国近现代历史上第一部宪法性文件？（　　）

A. 《宪法重大信条十九条》　　　　　B. 《钦定宪法大纲》

C. 《中华民国约法》　　　　　　　　D. 《中华苏维埃共和国宪法大纲》

16. 关于《大清新刑律》，下列哪一选项是错误的？（　　）

A. 《大清新刑律》是中国刑法史上第一部具有近代意义的法典

B. 《大清新刑律》规定刑罚分主刑、从刑

C. 《大清新刑律》的内容完全属于资本主义刑法性质的内容

D. 《大清新刑律》于 1911 年公布，但没有实施

17. 中国法制近代化经历了曲折的渐进过程，贯穿着西方法律精神与中国法律传统的交汇与碰撞。关于中国法制近代化在修律中的特点，下列哪一选项是不正确的？（　　）

A. 1910 年《大清民律草案》完成后，修律大臣俞廉三上陈奏进民律前三编草案折，认为民律修订仍然没有超出"中学为体，西学为用"的思想格局

B. 1911 年《大清新刑律》作为中国第一部近代意义的专门刑法典，在吸纳近代资产阶级罪刑法定等原则的同时，仍然保留了部分不必科刑的民事条款

C. 1910 年颁行的《法院编制法》规定，国家司法审判实行四级三审制

D. 1947 年颁行的《中华民国宪法》，所列各项民主自由权利比以往任何宪法性文件都充分

18. 1903 年 5 月 1 日，在上海英租界发行的《苏报》刊载邹容的《革命军》自序和章炳麟的《客帝篇》，公开倡导革命，排斥满人。5 月 14 日，《苏报》又指出：《革命军》宗旨专在驱除满族，光复中国。清廷谕令两江总督照会租界当局严加查办，于 6 月底逮捕章炳麟，不久，邹容自动投案。由谳员孙建臣、上海知县汪瑶庭、英国副领事三人组成的审判庭对邹容等人进行审理，最后判处章炳麟徒刑三年，邹容徒刑两年。对这一案件的说法，下列哪一选项是正确的？（　　）

A. 这表明清廷实行公开审判原则

B. 这表明外国人在租界内对中国司法裁判权的直接干涉

C. 这表明外国人在租界内的领事裁判权受到了限制

D. 这表明清廷变法修律得到了国际社会的承认

19. 武昌起义爆发后，清王朝于 1911 年 11 月 3 日公布了《宪法重大信条十九条》。关于该宪法性文件，下列哪一说法是错误的？（　　）

A. 缩小了皇帝的权力　　　　　　　　B. 扩大了人民的权利

C. 扩大了议会的权力　　　　　　　　D. 扩大了总理的权力

20. 清末修律时，修订法律大臣俞廉三在"奏进民律前三编草案折"中表示："此次编辑之旨，约分四端：（一）注重世界最普通之法则。（二）原本后出最精确之法理。（三）求最适于中国民情之法则。（四）期于改进上最有利益之法则。"关于清末修订民律的基本思路，下列哪一表述是最

合适的？（　　）

A. "西学为体，中学为用"　　　　B. "中学为体，西学为用"

C. "坚持德治，排斥法治"　　　　D. "抛弃传统，尽采西说"

21. 1906年9月，清廷发布《宣示预备立宪谕》，将立宪指导原则确立为（　　）。

A. "浑道德与法律于一体"

B. "中外通行，有裨治理"

C. "大权统于朝廷，庶政公诸舆论"

D. "折中世界各国大同之良规，兼采近世最新之学说"

22. 在清末变法修律中，法理派和礼教派围绕《大清新刑律》等法典的修订原则产生了激烈争论，学界称之为"礼法之争"。下列选项中，法理派的主要代表人物是（　　）。

A. 张之洞　　　　　　　　　　B. 劳乃宣

C. 刘坤一　　　　　　　　　　D. 沈家本

多项选择题

1. 清末外国在华领事裁判权制度中设有一种特殊的审判机构，即"会审公廨"。下列关于这一机构的表述哪些是正确的？（　　）

A. 会审公廨是1864年清廷与欧洲列强协议建立的

B. 在会审公廨中，凡涉及外国人的案件，必须有领事官员参加会审

C. 在会审公廨中，凡中国人与外国人间的诉讼案，由本国领事裁判或陪审

D. 会审公廨设在租界内

2. 关于《大清民律草案》的身份法部分，以下说法正确的有（　　）。

A. 在立法时，希望能维持天理民彝

B. 一家中最尊长者为之，家政统于家长

C. 亲等制度未采纳盛行的罗马计算法

D. 采用新的立法体系

3. 关于《大清刑事民事诉讼法草案》，以下说法正确的有（　　）。

A. 主要由伍廷芳执笔，分总纲、刑事规则、民事规则、刑事民事通用规则和中外交涉案件等五章

B. 是第一部打破传统诸法合体立法例、按部门法分类的法典草案

C. 该草案遂被搁置

D. 特别强调英美审判制度

4. 《大理院审判编制法》规定，京师地区实行四级三审制，四级审判机构分别为（　　）。

A. 城谳局　　　　　　　　　　B. 乡谳局

C. 城内外地方审判厅　　　　　D. 京师高等审判厅

E. 大理院

5. 《钦定宪法大纲》的内容包括（　　）。

A. 总纲　　　　　　　　　　　B. 君上大权

C. 国家机构　　　　　　　　　D. 臣民权利义务

E. 地方制度

6. 下列关于中国古代法制思想和法律制度的说法，哪些是正确的？（　　）

A. "礼法结合"为中国古代法制的基本特征

B. 夏商时代的法律制度明显受到神权观念的影响

C. 西周的"以德配天，明德慎罚"思想到汉代中期以后被儒家发挥成为"德主刑辅，礼刑并用"的策略

D. 清末修律使中华法系"依伦理而轻重其刑"的特点没有受到冲击

7. 关于中国法律制度的发展和演进，下列哪些表述是正确的？（　　）

A. 商鞅"改法为律"扩充了法律内容，强调了法律规范的普遍性

B. 汉武帝顺应历史发展废除肉刑进行刑制改革，为建立封建刑罚制度奠定了重要基础

C. 三国两晋南北朝时期更广泛、更直接地把儒家的伦理规范上升为法律规范，使礼、法在更大程度上实现融合

D. 清末变法修律基本上是仿效外国资本主义的法律形式，固守中国的封建法制传统

8. 关于中国古代诉讼、审判制度的说法，下列哪些选项是正确的？（　　）

A. 西周时期"听讼"为审理民事案件，"断狱"为审理刑事案件

B. 唐代县以下乡官、里正对犯罪案件具有纠举责任，对轻微犯罪与民事案件具有调解处理的权力

C. 明代的大审是一种会审制度，每三年举行一次

D. 清末改大理寺为大理院，为全国最高审判机关

9. 关于清末变法修律，下列哪些选项是正确的？（　　）

A. 在指导思想上，清末修律自始至终贯穿着"仿效外国资本主义法律形式，固守中国封建法制传统"的原则

B. 在立法内容上，清末修律一方面坚行君主专制体制和封建伦理纲常"不可率行改变"，另一方面标榜"吸引世界大同各国之良规，兼采近世最新之学说"

C. 在编纂形式上，清末修律改变了传统的"诸法合体"形式，明确了实体法之间、实体法与程序法之间的差别，形成了近代法律体系的雏形

D. 在法系承袭上，清末修律标志着延续几千年的中华法系开始解体，为中国法律的近代化奠定了初步基础

不定项选择题

1. 关于《大清新刑律》，以下说法正确的有（　　）

A. 正式名称是《钦定大清刑律》

B. 分总则、分则两编

C. 附《暂行章程》四条

D. 日本人冈田朝太郎参与起草

2. 对于刑事案件，（　　）首先规定了以检察官公诉为主的起诉原则。

A. 大理院审判编制法

B. 各级审判厅试办章程

C. 法院编制法

D. 刑事诉讼律草案

3. 清末司法改革过程中颁布实施的大量法律有（　　）。

A. 大理院审判编制法

B. 各级审判厅试办章程

C. 民事诉讼律

D. 刑事诉讼律

E. 法院编制法

名词解释

1. 《钦定大清商律》
2. 领事裁判权
3. 《大清民事诉讼律草案》
4. 资政院
5. 《大清现行刑律》
6. "存留养亲"
7. "子孙违反教令"
8. 《大清新刑律》
9. 《钦定宪法大纲》
10. 法理派

简答题

1. 简述清末的立宪活动。
2. 简述清末的司法机构进行了哪些改革？
3. 简述《大清新刑律》的主要特点。
4. 简述《大清刑事诉讼律草案》的主要特点。
5. 简述清朝签订的一系列不平等条约对清末法制的影响。
6. 简述清末修律的特点。
7. 简述大清新刑律的特点。

论述题

1. 试述领事裁判权制度的确立给中国司法及社会带来的影响。
2. 试述沈家本与清末的礼法之争。
3. 试述清末诉讼审判制度确立的新原则和新制度。
4. 论述清末领事裁判权的特征。
5. 论述从夏商到清末"五刑"制度的演化过程。

案例分析题

《中英五口通商章程》中规定："英人华民交涉词讼，英领事有权'查察''听讼'，其人如何科罪，由英国议定章程、法律，发给管事官（即领事）照办。"

《虎门条约》中规定，英国人违背禁约，"擅到内地远游者"，也要交"英国管事官依情处罪"，中国人"不得擅自殴打伤害，致伤和好"。

试分析上述材料所反映的法律问题。

第十二章

中华民国时期法律制度

考点速记手账

基础知识图解

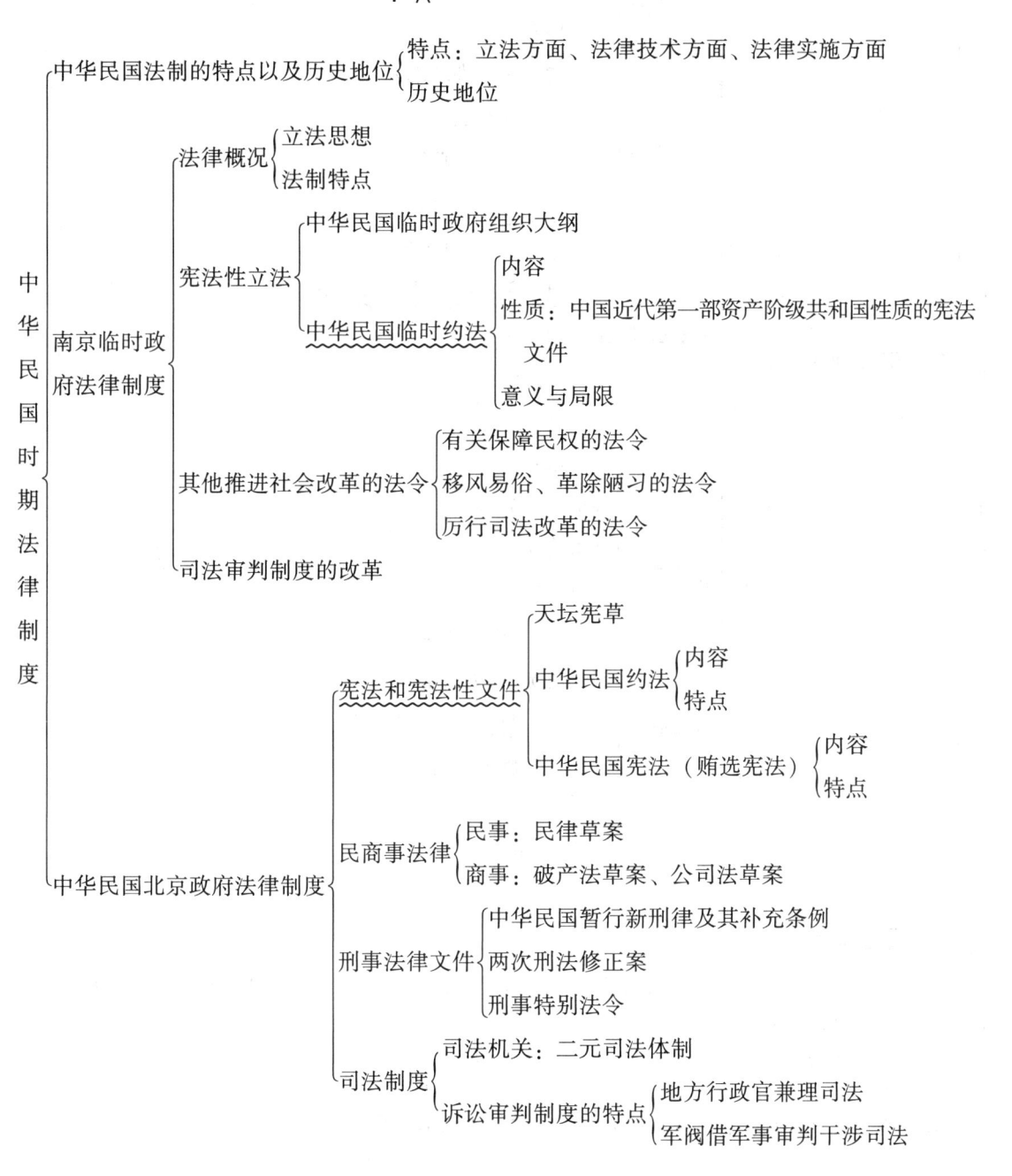

- 中华民国时期法律制度
  - 中华民国法制的特点以及历史地位
    - 特点：立法方面、法律技术方面、法律实施方面
    - 历史地位
  - 南京临时政府法律制度
    - 法律概况
      - 立法思想
      - 法制特点
    - 宪法性立法
      - 中华民国临时政府组织大纲
      - 中华民国临时约法
        - 内容
        - 性质：中国近代第一部资产阶级共和国性质的宪法文件
        - 意义与局限
    - 其他推进社会改革的法令
      - 有关保障民权的法令
      - 移风易俗、革除陋习的法令
      - 厉行司法改革的法令
    - 司法审判制度的改革
  - 中华民国北京政府法律制度
    - 宪法和宪法性文件
      - 天坛宪草
      - 中华民国约法
        - 内容
        - 特点
      - 中华民国宪法（贿选宪法）
        - 内容
        - 特点
    - 民商事法律
      - 民事：民律草案
      - 商事：破产法草案、公司法草案
    - 刑事法律文件
      - 中华民国暂行新刑律及其补充条例
      - 两次刑法修正案
      - 刑事特别法令
    - 司法制度
      - 司法机关：二元司法体制
      - 诉讼审判制度的特点
        - 地方行政官兼理司法
        - 军阀借军事审判干涉司法

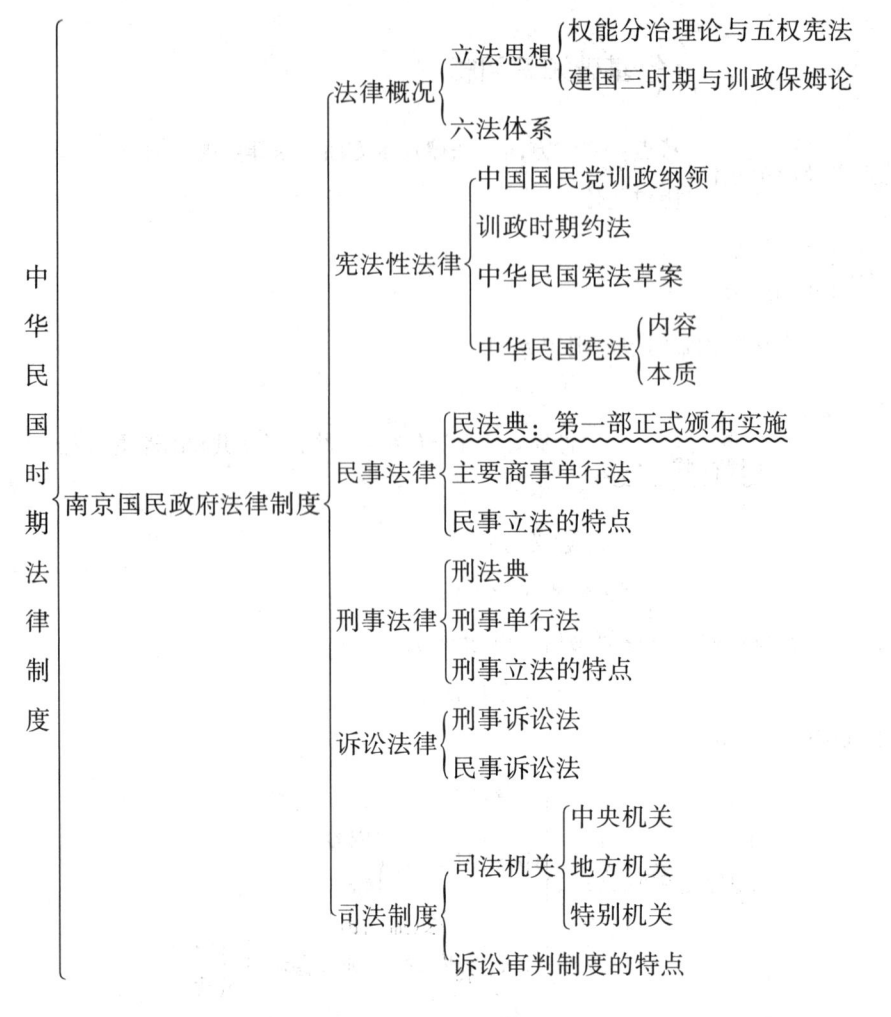

```
                                          ┌ 立法思想 ┌ 权能分治理论与五权宪法
                              ┌ 法律概况 ┤          └ 建国三时期与训政保姆论
                              │          └ 六法体系
                              │
                              │            ┌ 中国国民党训政纲领
                              │            │ 训政时期约法
                              │ 宪法性法律 ┤ 中华民国宪法草案
                              │            │            ┌ 内容
                              │            └ 中华民国宪法┤
                              │                         └ 本质
                              │
中                            │          ┌ 民法典：第一部正式颁布实施
华                            │ 民事法律 ┤ 主要商事单行法
民                            │          └ 民事立法的特点
国         ┌                  │
时         │                  │          ┌ 刑法典
期 ───────┤ 南京国民政府法律制度┤ 刑事法律 ┤ 刑事单行法
法         │                  │          └ 刑事立法的特点
律         └                  │
制                            │          ┌ 刑事诉讼法
度                            │ 诉讼法律 ┤
                              │          └ 民事诉讼法
                              │
                              │          ┌          ┌ 中央机关
                              │          │ 司法机关 ┤ 地方机关
                              │ 司法制度 ┤          └ 特别机关
                              │          │
                              └          └ 诉讼审判制度的特点
```

配套测试

☑ 单项选择题

1. 从 1927 年到 1949 年的南京国民政府统治时期，进行了广泛的立法，颁布了大量的法律、法令以及判例解释，形成了（　　）。

　A. 判例法体系　　　　　　　　　　B. 习惯法体系
　C. 六法体系　　　　　　　　　　　D. 中华法体系

2.《中华民国临时政府组织大纲》确立的政权组织形式是（　　）。

　A. 总统制　　　　　　　　　　　　B. 责任内阁制
　C. 立宪制　　　　　　　　　　　　D. 帝制

3. 1912 年 3 月 11 日《中华民国临时约法》规定的国家政体形式是（　　）。

　A. 总统共和制　　　　　　　　　　B. 责任内阁制
　C. 半总统半议会制　　　　　　　　D. 君主立宪制

4. 中国民族资产阶级拟定的第一个具有宪法性质的地区性重要文件是（　　）。

　A.《中华民国临时政府组织大纲》
　B.《中华民国临时约法》

C. 《鄂州临时约法》
D. 《中华民国约法》

5. 孙中山就任临时大总统的法律依据是（　　）。
A. 《中华民国临时约法》
B. 《中华民国约法》
C. 《中华民国宪法》
D. 《中华民国临时政府组织大纲》

6. 按照《中华民国临时约法》的规定，临时大总统的产生方式是（　　）。
A. 由人民直接选举　　　　　　B. 由各省推选
C. 由参议院选举　　　　　　　D. 由国务员推选

7. 《中华民国临时约法》不含有以下哪个机关？（　　）。
A. 参议院　　　　　　　　　　B. 法院
C. 临时大总统　　　　　　　　D. 众议院

8. 中国近代史上第一部正式的宪法是由哪个政权公布的？（　　）
A. 孙中山政权　　　　　　　　B. 袁世凯政权
C. 曹锟政权　　　　　　　　　D. 蒋介石政权

9. 《中华民国宪法草案》史称"天坛宪草"，以下关于"天坛宪草"的说法中错误的是？（　　）
A. 为防止总统利用紧急处分权实行独裁，增设了国会的常设机关——国会委员会
B. 采取了更加独立的责任内阁制，国务总理的任命须经众议院同意，并向其负责
C. 赋予了大总统极为广泛的宪法权力，大总统为行政机关的首长
D. 设立独立于行政机关的审计院，对国家对财政收入、支出的决算行使审核权

10. 下列关于《大清民律草案》与《中华民国民法》共同点的表述，正确的是（　　）。
A. 均由修订法律馆与礼学馆共同起草
B. 均采用个人本位的立法原则
C. 均采取民商分立的编纂模式
D. 均采用《德国民法典》的编制体例

11. 1923年《中华民国宪法》规定的政府体制是（　　）。
A. 总统集权制　　　　　　　　B. 责任内阁制
C. 议行合一制　　　　　　　　D. 半总统半内阁制

12. 制定于1923年10月5日，被人讥称为"贿选宪法"的正式名称是（　　）。
A. 《中华民国约法》　　　　　B. 《中华民国宪法草案》
C. 《中华民国宪法》　　　　　D. 《中华民国临时宪法》

13. 中华民国北京政府设立的最高司法审判机关是（　　）。
A. 最高法院　　　　　　　　　B. 平政院
C. 司法院　　　　　　　　　　D. 大理院

14. 中华民国北京政府刑事立法的主要成果是（　　）。
A. 《中华民国暂行新刑律》　　B. 《中华民国刑法》
C. 《惩治盗匪法》　　　　　　D. 《治安警察条例》

15. 北洋政府时期对违背纲常礼教行为加重刑罚，增加了"侵犯大总统罪"的法律文件是（　　）。
A. 《中华民国暂行新刑律》　　B. 第一次"刑法修正案"
C. 第二次"刑法修正案"　　　　D. 《中华民国刑法》

16. 中国近代推进法律改革，引入了世界通行的法律理念和原则，先后制定了多部近代化的刑事法典，《大清新刑律》与1935年颁布的《中华民国刑法》是其中的代表。下列选项中，属于这两部法典共同点是（　　）。

　　A. 采取社会防卫主义　　　　　　　B. 采取从新从轻主义

　　C. 侧重于主观主义　　　　　　　　D. 遵循罪刑法定原则

17. 中华民国北洋政府广泛运用判例与解释例，补充了成文法之未备，使之成为案件判决的重要依据。有权作出解释例的机构是（　　）。

　　A. 参议院　　　　　　　　　　　　B. 法部

　　C. 大理院　　　　　　　　　　　　D. 平政院

18. 根据1928年10月国民党中央常委会通过的《训政纲领》，行使国家"政权"的是（　　）。

　　A. 全国国民大会　　　　　　　　　B. 国民党全国代表大会

　　C. 国民党中央执行委员会　　　　　D. 国民政府

19. 关于中国历史上第一部正式颁布实施的民法典，正确的叙述是（　　）。

　　A. 采用民商分立的立法体系

　　B. 采取个人本位主义原则

　　C. 沿用宗祧继承制度

　　D. 习惯和法理可以在无法可依的情况下作为审判民事案件的依据

20. 按照1947年《中华民国宪法》，国家权力的实质重心集中于（　　）。

　　A. 总统　　　　　　　　　　　　　B. 国民大会主席

　　C. 行政院院长　　　　　　　　　　D. 立法院院长

21. 南京国民政府实行训政的全国最高指导机关是（　　）。

　　A. 国民党全国代表大会

　　B. 国民大会

　　C. 国民党中央执行委员会

　　D. 国民党中央政治会议

22. 根据孙中山的权能分治理论，政府治权除立法权、行政权、司法权、监察权外，还包括（　　）。

　　A. 检察权　　　　　　　　　　　　B. 质询权

　　C. 考试权　　　　　　　　　　　　D. 弹劾权

23. 1914年秋，教育部佥事周树人提起行政诉讼，要求撤销教育部对其的免职令。依据北洋政府时期的法律，受理该案的机构是（　　）。

　　A. 大理院　　　　　　　　　　　　B. 平政院

　　C. 高等审判厅　　　　　　　　　　D. 法部

24. 北洋政府时期的民事法律渊源中效力最高的是（　　）。

　　A. 条理　　　　　　　　　　　　　B. 现行律民事有效部分

　　C. 判例　　　　　　　　　　　　　D. 民事习惯

☑ 多项选择题

1.《中华民国临时约法》规定参议院的主要职权有（　　）。

　　A. 议决一切法律案

　　B. 议决临时政府预算、决算

C. 宣告戒严

D. 代表全国接受外国之大使、公使

E. 制定全国币制和度量衡之准则

2. 按照《中华民国临时约法》的规定，法官的任命权属于（　　）。

A. 参议院　　　　　　　　　　　B. 各省议会

C. 临时大总统　　　　　　　　　D. 司法总长

E. 各省政府

3.《中华民国临时约法》规定的关于限制和防范袁世凯临时大总统权力的措施主要有（　　）。

A. 扩大参议院的权力

B. 宣告人民一律平等

C. 改总统制为责任内阁制

D. 宣告人民有保有财产及营业之自由

E. 严格的临时约法修改程序

4. 南京临时政府颁布的一系列关于社会改革的法令主要有（　　）。

A. 禁烟法令　　　　　　　　　　B. 剪辫法令

C. 劝禁缠足令　　　　　　　　　D. 禁赌法令

E. 发展普通教育法令

5.《中华民国临时约法》的主要特征是（　　）。

A. 实行责任内阁制　　　　　　　B. 扩大参议院权力

C. 限制总统职权　　　　　　　　D. 创设立法院

E. 严格约法修改程序

6. 中华民国北京政府的立法思想是复杂的、多元的，包括（　　）。

A. 采用、删改清末新订法律

B. 始终肯定并沿用南京临时政府法律

C. 隆礼

D. 采用西方资本主义国家的某些立法原则

E. 重刑主义

7. "贿选宪法"的主要内容包括（　　）。

A. 规定主权在民

B. 改责任内阁制为大总统集权制

C. 规定地方自治权

D. 设立两院制的议会

E. 规定"国体不得为修正之议题"

8. 按照《中华民国约法》又称"袁记约法"的规定，大总统是（　　）。

A. 国家元首　　　　　　　　　　B. 行政首脑

C. 立法院院长　　　　　　　　　D. 参政院院长

E. 海陆军大元帅

9. 中华民国北京政府的制宪活动非常频繁，制定的宪法或宪法性文件以及草案主要包括（　　）。

A.《中华民国临时约法》

B.《中华民国约法》

C. "天坛宪草"

D. 《中华民国宪法》

E. 《中华民国训政时期约法》

10. 中华民国北京政府的诉讼审判制度主要特点有（　　）。

A. 军事审判的专横武断

B. 行政诉讼相对独立

C. 广泛引用判例和解释例

D. 普通法院实行四级三审制

E. 县知事兼理司法

11. 南京国民政府于1947年公布和实施《中华民国宪法》。下列哪些是对这部宪法的正确表述？（　　）

A. 该法规定了选举、罢免、创制、复决等制度

B. 该法的基本精神沿袭《训政时期约法》和"五五宪法"

C. 该法体现了《动员戡乱时期临时条款》的立法原则

D. 该法确立的政权体制既不是内阁制，也不是总统制

12. 南京国民党政府公布施行的宪法文件有（　　）。

A. 《训政纲领》

B. 《中华民国训政时期约法》

C. "五五宪草"

D. 1947年的《中华民国宪法》

13. 作为当时国民政府组成和开展活动的法律依据，1925年《中华民国国民政府组织法》确立的主要原则有（　　）。

A. 执政党指导和监督政府

B. 行政长官个人集权制

C. 集体领导

D. 议行合一

E. 五权分立

14. 规定采取五院制政府体制的宪法性文件包括（　　）。

A. 1925年《中华民国国民政府组织法》

B. 1928年《中华民国国民政府组织法》

C. 1931年《中华民国训政时期约法》

D. 1936年《中华民国宪法草案》

E. 1947年《中华民国宪法》

15. 南京国民政府立法的重要特点有（　　）。

A. 标榜以孙中山的"遗教"作为立法根本原则

B. 特别法多于普通法

C. 蒋介石手令往往具有最高的法律效力

D. 采取大陆法系以成文法为主的法律体系

E. 判决例、解释例以及习惯和法理也可成为司法审判的依据

16. 1935年南京国民政府颁布《中华民国刑法》，采取社会防卫主义，增设保安处分。保安处分的适用对象有（　　）。

A. 未成年犯罪之人

B. 已经构成犯罪之人
C. 有潜在犯罪危险之人
D. 有犯罪或妨碍社会秩序嫌疑之人

17. 下列选项中，属于南京国民政府"六法全书"中法律部门的有（　　）。
A. 民事诉讼法　　　　　　　　B. 行政法
C. 刑事诉讼法　　　　　　　　D. 经济法

18. 北洋政府时期是我国民事法律近代化过程中的重要阶段，其民事法律渊源包括（　　）。
A. 制定法　　　　　　　　　　B. 民事习惯
C. 条理　　　　　　　　　　　D. 大理院判例解释例

19.《中华民国民法》第1条明确规定："民事法律未规定者，依习惯，无习惯者，依法理。"下列关于南京国民政府时期民事立法中"习惯"的表述，正确的有（　　）。
A. 习惯的适用优先于法理
B. 习惯的适用以法无明文为限
C. 习惯构成南京国民政府民事法律的渊源
D. 习惯以不违背公共秩序和善良风俗为限

名词解释

1.《中华民国临时约法》
2."天坛宪草"
3. 大理院
4."贿选宪法"
5.《中华民国暂行新刑律》
6."训政保姆论"
7.《训政纲领》
8.《中华民国训政时期约法》
9.《中华民国国民政府组织法》
10."五五宪草"
11.《六法全书》
12.《中华民国宪法》

简答题

1. 简述《中华民国临时约法》的制定背景。
2. 简述1923年《中华民国宪法》的主要内容与特点。
3. 简述北洋政府的立法思想。
4. 简述《中华民国训政时期约法》的主要内容和特点。
5. 简述《中华民国宪法》的主要内容和特点。
6. 简述《训政纲领》确立的政治原则。
7. 简述南京国民政府诉讼审判制度的特点。
8. 简述南京国民政府司法机关的体系。
9. 简述孙中山"五权宪法"思想。

论述题

1. 试述《中华民国临时约法》规定的临时大总统的职权和议会职权，以及其主要特点。
2. 试述中华民国北洋政府的诉讼审判制度的特点。
3. 试述中华民国北洋政府刑事立法与司法组织体制的特点。
4. 简单介绍《中华民国民法》的内容，并结合民法立法背景进行评价。
5. 试述中华民国法制的特点及其历史地位。

第十三章

革命根据地新民主主义法律制度

考点速记手账

基础知识图解

- 革命根据地新民主主义法律制度
  - 法律概述
    - 新民主主义法制的形成和发展
    - 根据地法制的特点
    - 根据地法制的历史地位
  - 宪法
    - 工农民主政权的《中华苏维埃共和国宪法大纲》
      - 主要内容
      - 历史意义
    - 抗日民主政权法制
    - 解放区民主政权的宪法性文件
      - 陕甘宁边区宪法原则
      - 华北人民政府施政方针
  - 民事经济法律
    - 土地立法
      - 土地革命时期的土地立法
      - 抗日民主政权的立法
      - 解放区的土地立法
    - 婚姻立法
      - 男女平等
      - 一夫一妻
      - 婚姻自由
    - 劳动立法
  - 刑事法律
    - 土地革命时期
    - 抗日战争时期
      - 确立惩治与教育相结合的刑法原则
      - 重点惩治三种犯罪
      - 各种刑罚
    - 解放战争时期
      - 肃清土匪，镇压地主恶霸
      - 惩治战争罪犯
      - 摧毁一切敌特组织，取缔封建迷信
  - 司法制度
    - 工农民主政权司法制度
    - 抗日民主政权司法制度
      - 司法机关：边区高等法院、边区高等法院分庭、县司法处
      - 人民司法的发展：马锡五审判方式
        - 内容
        - 特点
      - 调解原则
    - 解放区的司法制度
      - 解放区人民法院组织的建立与完善
      - 新民主主义司法原则的确立

配套测试

单项选择题

1. 据现有史料记载革命根据地制定的唯一一部刑法典是（   ）。

A. 《中华苏维埃共和国惩治反革命条例》

B. 《赣东北特区苏维埃暂行刑律》

C. 《陕甘宁边区抗战时期惩治汉奸条例》

D. 《惩治盗匪条例》

2. 革命根据地时期，工农民主政权制定的最重要的土地法是（   ）。

A. 《中国土地法大纲》

B. 《兴国土地法》

C. 《井冈山土地法》

D. 《中华苏维埃共和国土地法》

3. 人民代表会议制确立于（   ）。

A. 工农民主政权时期

B. 抗日战争时期

C. 解放战争时期

D. 新中国成立以后

4. 《中华苏维埃共和国宪法大纲》规定的中华苏维埃共和国最高政权机关是（   ）。

A. 全国工农兵苏维埃代表大会

B. 人民委员会

C. 政府主席

D. 临时中央执行委员会

5. 共产党领导人民制定的第一个宪法性文献是（   ）。

A. 《陕甘宁边区宪法原则》

B. 《陕甘宁边区施政纲领》

C. 《中华苏维埃共和国宪法大纲》

D. 《中华人民共和国宪法》

6. 我国现行刑法中的"管制"刑发端于（   ）。

A. 工农民主政权时期

B. 抗日战争时期

C. 解放战争时期

D. 中华人民共和国成立以后

7. 我国最早的劳动立法纲领是（   ）。

A. 《井冈山土地法》

B. 《中华苏维埃共和国劳动法》

C. 《晋冀鲁豫边区劳工保护暂行条例》

D. 《劳动法案大纲》

多项选择题

1. 1934年的《中华苏维埃共和国婚姻法》确立了新型婚姻和家庭制度,具体体现为（　　）。
A. 规定男女婚姻以自由为原则
B. 禁止一夫多妻和一妻多夫
C. 禁止童养媳
D. 禁止近亲结婚
E. 废除一切包办、强迫和买卖婚姻

2. 抗日根据地时期马锡五审判方式的基本特点是（　　）。
A. 深入实际,调查研究
B. 审判与调解相结合
C. 严格依法执法
D. 实行巡回审判
E. 采用对抗制诉讼形式

3.《中华苏维埃共和国宪法大纲》确定的公民基本权利有（　　）。
A. 参政权利
B. 武装自卫权
C. 其他民主权利
D. 迁徙自由权

4. 抗日战争时期,我党实行"三三制",包括哪三种人员？（　　）
A. 共产党员
B. 非党的左派进步分子
C. 中间派
D. 民族资产阶级

5.《中华苏维埃共和国惩治反革命条例》规定的刑罚的种类有（　　）。
A. 死刑
B. 监禁
C. 没收财产
D. 剥夺公民权利
E. 无期徒刑

名词解释

1.《中华苏维埃共和国宪法大纲》
2.《井冈山土地法》
3. "三三制"政策
4.《中国土地法大纲》
5.《陕甘宁边区施政纲领》
6. 马锡五审判方式

简答题

1. 简述《中华苏维埃共和国宪法大纲》的基本内容、特点。
2. 简述革命根据地的婚姻立法。
3. 简述革命根据地继承立法的基本原则。
4. 简述《中国土地法大纲》的内容特点。
5. 简述革命根据地的劳动立法。

6. 简述《中华苏维埃共和国土地法》的基本内容和苏区土地立法的历史意义。
7. 简述马锡五审判方式。

论述题

1. 试论述革命根据地法制建设的基本特征和立法指导思想。
2. 试论述革命根据地的司法体制及司法审判制度。
3. 试论述《陕甘宁边区施政纲领》的主要内容。
4. 评述新民主主义时期的土地立法及其意义。

案例分析题

日本人田中忠夫在1924年出版的《中国的农民运动》中，称赞衙前的调解组织说："因自己解决会员相互间的争议……农民得免官宪的压制，且其解决比较官宪更为公平。"

试分析这段话中所指的"衙前调解组织"并加以评论。

综合测试题一

☑ **单项选择题**（共10题，每题1分，共10分）

1. 以下哪一个是商朝的监狱名称？（　　）
A. 缚　　　　B. 圜土　　　　C. 圉　　　　D. 班房
A. 《汤刑》　　　　　　　　B. 《官刑》
C. "民居"之法　　　　　　D. 车服之令

2. "观其眸子，不直则眊然"，是"五听"制度中的哪一"听"？（　　）
A. "色听"　　　　　　　　B. "气听"
C. "耳听"　　　　　　　　D. "目听"

3. 《法经》六篇中相当于近代法典中总则篇的是（　　）。
A. 《囚法》　　　　　　　　B. 《贼法》
C. 《杂法》　　　　　　　　D. 《具法》

4. 下列情形中属于秦代自诉案件中的"公室告"的是（　　）。
A. 控告他人的杀伤和盗窃行为
B. 父母控告子女盗窃自己财产
C. 子女控告父母
D. 奴妾控告主人肆意加诸各种刑罚

5. 秦朝法律中有关审理案件的原则、治狱程式、调查勘验等方面的法律规定是（　　）。
A. 《秦律杂抄》　　　　　　B. 《封诊式》
C. 《法律答问》　　　　　　D. 《秦律十八种》

6. 北齐改九卿之一的廷尉为（　　）并将其扩建，是当时最高的审判机关。
A. 大理寺　　　　　　　　　B. 御史台
C. 少府　　　　　　　　　　D. 尚书省

7. 以下不属于唐朝刑事法律中"六杀"的是（　　）。
A. "过失杀"　　　　　　　　B. "故杀"
C. "贼杀"　　　　　　　　　D. "误杀"

8. 《宋刑统》在体例上沿袭哪部法典？（　　）
A. 《开皇律》　　　　　　　B. 《唐律疏议》
C. 《大周刑统》　　　　　　D. 《贞观律》

9. 明太祖朱元璋为巩固帝业打击官僚朋党为奸而增设的一项新罪名是（　　）
A. 左官罪　　　　　　　　　B. 奸党罪
C. 腹诽罪　　　　　　　　　D. 贼盗罪

10. 依《大清律例》，清代死刑的执行方式有（　　）。
A. 发遣　　　　　　　　　　B. 立决与监候
C. 斩与绞　　　　　　　　　D. 迁徙与安置

多项选择题（共10题，每题2分，共20分）

1. 商代神权法表现有（　　）。
  A. 率民以事神　　　　　　　　B. 先鬼而后礼
  C. 以德配天　　　　　　　　　D. 昊天有成命

2. 西周时期，女子若有"七出"规定情形之一的，谁可以提出休弃？（　　）
  A. 丈夫　　　　　　　　　　　B. 公公
  C. 婆婆　　　　　　　　　　　D. 姑嫂

3. 东汉时期"三独坐"是指（　　）。
  A. 尚书令　　　　　　　　　　B. 御史中丞
  C. 御史大夫　　　　　　　　　D. 丞相
  E. 司隶校尉

4. 三国两晋南北朝时期，礼法结合体现在关于（　　）的规定。
  A. "八议"　　　　　　　　　　B. "官当"
  C. "服制定罪"　　　　　　　　D. "重罪十条"

5. 《唐律疏议》又称《永徽律疏》，是唐高宗永徽年间完成的一部极为重要的法典。下列关于《唐律疏议》的表述哪些是正确的？（　　）
  A. 《唐律疏议》是由张斐、杜预完成的法律注释
  B. 《唐律疏议》引用儒家经典理论作为律疏的理论依据
  C. 《唐律疏议》奠定了中华法系的传统
  D. 《唐律疏议》对唐代的《武德律》等法典有很深的影响

6. 宋朝的主要立法活动呈现出复杂的情形，以下属于宋代立法活动的有（　　）。
  A. 编例　　　　　　　　　　　B. 编敕
  C. 制定《宋刑统》　　　　　　D. 编纂《条法事类》
  E. 制定《问刑条例》

7. 明朝刑罚残酷，除了继续适用封建五刑以外，明朝的司法实践中增设了一些刑种，主要有（　　）。
  A. 充军　　　　　　　　　　　B. 枷号
  C. 廷杖　　　　　　　　　　　D. 刺配

8. 交由提刑按察使司复核审判的下级审判机构有（　　）。
  A. 府　　　　　　　　　　　　B. 总督巡抚
  C. 直隶厅　　　　　　　　　　D. 直隶州
  E. 县

9. 关于清末变法修律，下列哪些选项是正确的？（　　）
  A. 在指导思想上，清末修律自始至终贯穿着"仿效外国资本主义法律形式，固守中国封建法制传统"的原则
  B. 在立法内容上，清末修律一方面坚行君主专制体制和封建伦理纲常"不可率行改变"，另一方面标榜"吸引世界大同各国之良规，兼采近世最新之学说"
  C. 在编纂形式上，清末修律改变了传统的"诸法合体"形式，明确了实体法之间、实体法与程序法之间的差别，形成了近代法律体系的雏形
  D. 在法系承袭上，清末修律标志着延续了几千年的中华法系开始解体，为中国法律的近代化奠定了初步基础

10. 《中华苏维埃共和国宪法大纲》确定的公民基本权利有（　　）。
  A. 参政权利
  B. 武装自卫权
  C. 其他民主权利
  D. 迁徙自由权

名词解释（共 6 题，每题 5 分，共 30 分）

1. "五刑"
2. "五听"
3. "城旦舂"
4. "春秋决狱"
5. "谋叛"
6. 翻异别勘制

简答题（共 4 题，每题 5 分，共 20 分）

1. 如何理解"礼不下庶人，刑不上大夫"这一重要法律原则？
2. 简述汉文帝、汉景帝时期刑制改革的内容和意义。
3. 简述处理化外人相犯规则。
4. 简述大清新刑律的特点。

论述题（共 1 题，共 20 分）

试论革命根据地时期的人民调解制度。

综合测试题二

☑ 单项选择题（共10题，每题1分，共10分）

1. 我国早期习惯法时代的鼎盛时期是（　　）。
A. 夏　　　　　　　　　　　　B. 商
C. 西周　　　　　　　　　　　D. 春秋

2. 西周的婚姻制度是（　　）。
A. 一夫一妻制　　　　　　　　B. 一夫多妻制
C. 一夫一妻多妾制　　　　　　D. 一妻多夫制

3. 汉文、景帝时期下诏废除肉刑着手改革刑制，只有（　　）未改。
A. 墨刑　　　　　　　　　　　B. 宫刑
C. 劓刑　　　　　　　　　　　D. 斩左趾刑

4. （　　）为了增强法典的科学性将《晋律》的《刑名》《法例》合并为一篇，名为《名例》，冠于律首。
A. 北齐　　　　　　　　　　　B. 北周
C. 北魏　　　　　　　　　　　D. 曹魏

5. "诸断罪而无正条，其应出罪者，则举重以明轻；其应入罪者，则举轻以明重"是唐律中何种原则的规定？（　　）
A. 类推　　　　　　　　　　　B. 法律适用
C. 法律解释　　　　　　　　　D. 自由裁量

6. 秦朝的耻辱刑中有"耐"刑，就是（　　）。
A. 剃去犯人头发　　　　　　　B. 剃去犯人胡须
C. 在犯人脸上刺字　　　　　　D. 割去犯人的耳朵

7. 明太祖时期创立的（　　）是清朝秋审制度的前身。
A. 圆审　　　　　　　　　　　B. 会审制度
C. 热审　　　　　　　　　　　D. 寒审

8. 依《大清律例》，清代死刑的执行方式有（　　）。
A. 发遣　　　　　　　　　　　B. 立决与监候
C. 斩与绞　　　　　　　　　　D. 迁徙与安置

9. 下列哪个机构属于正式的议会？（　　）
A. 清末谘议局
B. 清末资政院
C. 《中华民国临时约法》上的参议院
D. 《中华民国临时约法》上的法院

10. 共产党领导人民制定的第一个宪法性文献是（　　）。
A. 《陕甘宁边区宪法原则》
B. 《陕甘宁边区施政纲领》

C. 《中华苏维埃共和国宪法大纲》
D. 《中华人民共和国宪法》

多项选择题（共10题，每题2分，共20分）

1. 关于《大清民律草案》的身份法部分，以下说法正确的有（　　）。
A. 在立法时，希望能维持天理民彝
B. 一家中最尊长者为之，家政统于家长
C. 亲等制度未采纳盛行的罗马计算法
D. 采用新的立法体系

2. 周礼以下列哪些原则为基础？（　　）
A. "亲亲"   B. "明德慎罚"
C. "以德配天"   D. "尊尊"

3. 秦朝法律中对轻微罪适用的强制缴纳一定财物的刑罚是（　　）。
A. 赀刑   B. 赎刑
C. 赀甲、赀盾   D. 赀徭

4. 《法经》的重要历史意义在于（　　）。
A. 维护君主制度
B. 维护等级制度
C. 初步确立了封建法制的基本原则和体系
D. 对当时封建经济的形成和巩固起到了积极作用
E. 有利于巩固与发展奴隶制社会经济

5. 晋朝的法律确立了下列哪些制度或者原则？（　　）
A. 品官占田荫户制
B. 准五服以制罪
C. 存留养亲
D. "重罪十条"

6. 关于《永徽律疏》，下列哪些选项是错误的？（　　）
A. 《永徽律疏》又称《唐律疏议》，是唐太宗在位时制定的
B. 《永徽律疏》首次确立了"十恶"，即"重罪十条"制度
C. 《永徽律疏》对主要的法律原则和制度作了精确的解释，而且尽可能以儒家经典为根据
D. 《永徽律疏》是对《贞观律》的解释，在中国立法史上的地位不如《贞观律》

7. 宋朝的主要立法活动呈现出的复杂情形，以下属于宋朝立法活动的有（　　）。
A. 编例   B. 编敕
C. 制定《宋刑统》   D. 编纂《条法事类》
E. 制定问刑条例

8. 明代的特务机关是（　　）。
A. 锦衣卫北镇抚司   B. 东厂
C. 西厂   D. 都察院

9. 清代适用于少数民族地区的单行法规有（　　）。
A. 钦定回疆条例   B. 西宁青海番夷成例
C. 苗犯处分例   D. 番律

10. 《中华民国临时约法》规定参议院的主要职权有（　　）。

A. 议决一切法律案
B. 议决临时政府预算、决算
C. 宣告戒严
D. 代表全国接受外国之大使、公使
E. 制定全国币制和度量衡之准则

名词解释（共 6 题，每题 5 分，共 30 分）

1. 九刑
2. "出礼则入刑"
3. 诬告反坐
4. 存留养亲
5. 保辜
6. "亲亲得相首匿"

简答题（共 3 题，每题 5 分，共 15 分）

1. 简述西周宗法制度的主要内容。
2. 简述《开皇律》的内容特点。
3. 简述《训政纲领》确立的政治原则。

论述题（共 1 题，共 25 分）

试述唐律维护贵族官僚特权的内容。

附录：参考文献及推荐书目

1. 《中国法制史》编写组：《中国法制史》（第二版），高等教育出版社2019年版。
2. 张晋藩主编：《中国法制史》（第二版），高等教育出版社2007年版。
3. 叶孝信主编：《中国法制史》（第二版），复旦大学出版社2008年版。
4. 龙大轩主编：《中国法律史》，法律出版社2020年版。
5. 王沛主编：《中国法律史》，北京大学出版社2023年版。
6. 陈涛：《中国法制史学》，中国政法大学出版社2007年版。
7. 邓建鹏：《中国法制史》（第二版），北京大学出版社2016年版。
8. 聂鑫：《中国法制史讲义》，北京大学出版社2014年版。
9. 李启成：《中国法律史讲义》，北京大学出版社2018年版。
10. 沈家本：《历代刑法考》，中华书局2013年版。
11. 《梁启超论中国法制史》，商务印书馆2012年版。
12. 《徐道邻法政文集》，清华大学出版社2017年版。
13. 杨鸿烈：《中国法律发达史》，中国政法大学出版社2009年版。
14. ［日］仁井田陞：《中国法制史》，牟发松译，上海古籍出版社2018年版。
15. 瞿同祖：《中国法律与中国社会》，商务印书馆2011年版。
16. 陈顾远：《中国法制史概要》，商务印书馆2011年版。
17. 黄源盛：《中国法史导论》，广西师范大学出版社2014年版。
18. 张晋藩：《中国法律的传统与近代转型》（第四版），法律出版社2019年版。
19. 张晋藩主编：《中国法制通史》（全十卷），法律出版社1999年版；中国法制出版社2021年版。
20. 李光灿、张国华主编：《中国法律思想通史》（全四卷），山西人民出版社1996—2001年版。
21. 曾宪义主编：《中国传统法律文化研究》（十卷本），中国人民大学出版社2011年版。
22. 杨一凡主编：《中国法制史考证》（全十五册），中国社会科学出版社2003年版。
23. 中国政法大学法律古籍整理研究所编：《中国古代法律文献概论》，上海古籍出版社2019年版。
24. ［日］滋贺秀三：《中国家族法原理》，张建国、李力译，商务印书馆2013年版。
25. ［日］夫马进编：《中国诉讼社会史研究》，范愉、赵晶等译，浙江大学出版社2019年版。
26. 张伟仁：《寻道：先秦政法理论刍议》，三联书店2023年版。
27. 徐世虹等：《秦律研究》，武汉大学出版社2017年版。
28. ［日］冨谷至：《汉唐法制史研究》，周东平、薛夷风译，中华书局2023年版。
29. 程树德：《九朝律考》，商务印书馆2018年版。
30. 高明士：《律令法与天下法》，上海古籍出版社2013年版。
31. 戴炎辉：《唐律通论》，戴东雄、黄源盛校订，元照出版公司2010年版。
32. 刘俊文：《唐律疏议笺解》，中华书局1996年版。

33. 戴建国：《唐宋变革时期的法律与社会》，上海古籍出版社 2010 年版。
34. 柳立言：《宋代的身分与审判》，天津人民出版社 2024 年版。
35. ［美］柏清韵：《宋元时代的妇女、财产及儒学应对》，刘晓译，中国社会科学出版社 2020 年版。
36. 吴艳红、姜永琳：《明朝法律》，南京出版社 2016 年版。
37. 郑秦：《清代法律制度研究》，中国政法大学出版社 2000 年版。
38. ［日］寺田浩明：《清代传统法秩序》，王亚新监译，广西师范大学出版社 2023 年版。
39. 邱捷：《晚清官场镜像：杜凤治日记研究》，社会科学文献出版社 2021 年版。
40. 李贵连：《沈家本传》，广西师范大学出版社 2018 年版。
41. 李贞德：《公主之死》，重庆出版社 2022 年版。
42. 秦涛：《洞穴公案》，广西师范大学出版社 2024 年版。
43. 卜永坚：《妇人杨氏之"复活"——十八世纪中国的法律与社会》，北京师范大学出版社 2024 年版。
44. 陈新宇：《寻找法律史上的失踪者》，商务印书馆 2019 年版。
45. 刘昕杰：《法政逸史：转型时代的法律人》，北京大学出版社 2024 年版。
46. 蒲坚：《中国古代法制丛钞》，光明日报出版社 2001 年版。
47. 郑定、赵晓耕主编：《中国法制史教学参考书》，中国人民大学出版社 2003 年版。
48. 王立民：《中国法制史参考资料》，北京大学出版社 2006 年版。
49. 马小红、庞朝冀等：《守望和谐的法文明——图说中国法律史》，北京大学出版社 2009 年版。
50. 蒲坚：《中国法制史大辞典》，北京大学出版社 2011 年版。
51. 邱澎生主编：《中国法律史案例百选》，高等教育出版社 2024 年版。